I0711454

RES CIVICA

(Petite revue d'exploration du politique)

I

-Qu'est-ce, au juste, que la politique ?-

EEEOYS EDITIONS

Le serment du Jeu de paume, le 20 juin 1789, étude préparatoire, Jacques-Louis David, vers 1791, Musée Carnavalet, Paris.

-Avant-Propos-

Qu'on le déplore, le redoute, ou qu'on s'en réjouisse, on ne peut qu'en faire le constat : le partage de la réflexion commune sur les fondements de la vie en société semble s'être figé ou s'être retiré dans des enclos sociaux atypiques.

Plus les véhicules du sens sont aisés à emprunter, plus on s'y engouffre sans préjudice des moyens dont on doit disposer pour y bien figurer : ces éléments de définition stabilisés en soi qui font viatique, qui « arment », pour le parcours de l'échange vertigineux.

Le chemin vers le port est sans doute trop court, qui conduit au large…

Le café du commerce a supplanté la retraite studieuse ou plutôt, il n'en est plus guère le lieu de dévoilement des travaux.

La peur, la colère, l'allégresse, l'adulation, ont très largement offusqué l'échange des sens conçus et équilibrés en soi depuis une patiente retraite intérieure où la certitude va sereinement à la rencontre de son accident.

À quoi bon penser préalablement à la pensée si la « pensée pensée » contraint l'échange ou si son absence ne l'interdit pas ?

À quoi bon introduire déséquilibres, ruptures et catastrophes dans la certitude du monde, quand cette certitude inviolée y « fait son effet » ?

À quoi bon justifier des contours des hochets agités sur le forum quand ils opèrent au champ civique ?

Sait-on au juste de quoi l'on parle lorsqu'on parle ?

Lorsqu'on parle politique, sait-on au juste de quoi l'on parle ?

Ce petit numéro un ne cherche qu'à rendre compte de l'effort produit par des pensées qui s'affrontent à la nécessité de se « reprendre » pour aller à la rencontre du sens construit en commun « en tant que telles ».

La rédaction

-Quelle est la fin principale de la République bien ordonnée-[1]

Par Jean Bodin[2]

RÉPUBLIQUE est un droit gouvernement de plusieurs ménages, et de ce qui leur est commun, avec puissance souveraine. Nous mettons cette définition en

---

[1] : Jean Bodin, *Les Six Livres de la République*, 1576, Le Plessis-Trévise, Éditions Myriel, 2009, Livre I, chapitre 1.
[2] : Jean Bodin, né en 1530 à Angers et mort en 1596 à Laon, est un économiste, un juriste, un philosophe et un théoricien politique français. Sa conception de la souveraineté bouleversa son temps et influença durablement ceux qui suivirent.

premier lieu, par ce qu'il faut chercher en toutes choses la fin principale : et puis après les moyens d'y parvenir.

Or la définition n'est autre chose que la fin du sujet qui se présente : et si elle n'est bien fondée, tout ce qui sera bâti sur icelle ruinera bien tout après. Et jaçoit[3] que celui qui a trouvé la fin de ce qui est mis en avant, ne trouve pas toujours les moyens d'y parvenir, non plus que le mauvais archer qui voit le blanc et n'y vise pas : néanmoins avec l'adresse et la peine qu'il emploiera il y pourra frapper, ou approcher : et ne sera pas moins estimé, s'il ne touche au but, pourvu qu'il fasse tout ce qu'il doit pour y atteindre. Mais qui ne sait la fin et définition du sujet qui lui est proposé, celui-là est hors d'espérance de trouver jamais les moyens d'y parvenir, non plus que celui qui donne en l'air sans voir la butte.

Déduisons donc par le menu les parties de la définition que nous avons posée. Nous avons dit en premier lieu droit gouvernement, pour la différence qu'il y a entre les Républiques, et les troupes de voleurs et pirates avec lesquels on ne doit avoir part, ni commerce, ni alliance : comme il a toujours été gardé en toute République bien ordonnée, quand il a été question de donner la foi, traiter la paix, dénoncer la guerre, accorder ligues offensives, ou défensives, borner les frontières, et décider les différends

---

[3] : « J'assois » ou « je pose » ou « je postule ».

entre les princes et seigneurs souverains, on n'y a jamais compris les voleurs, ni leur suite : si peut-être cela ne s'est fait par nécessité forcée, qui n'est point sujette à la discrétion des lois humaines, lesquelles ont toujours séparé les brigands et corsaires, d'avec ceux que nous disons droits ennemis en fait de guerre : qui maintiennent leurs états et Républiques par voie de justice, de laquelle les brigands et corsaires cherchent l'éversion et ruine. C'est pourquoi ils ne doivent jouir du droit de guerre commun à tous peuples, ni se prévaloir des lois que les vainqueurs donnent aux vaincus. Et même la loi n'a pas voulu, que celui qui tomberait entre leurs mains, perdît un seul point de sa liberté, ou qu'il ne pût faire testament, et tous actes légitimes, que ne pouvait celui qui était captif des ennemis, comme étant leurs esclaves, qui perdait sa liberté, et la puissance domestique sur les siens. Et si on dit que la loi veut qu'on rende au voleur le gage, le dépôt, la chose empruntée, et qu'il soit ressaisi des choses par lui occupées injustement sur autrui, s'il en est dépouillé par violence, il y a double raison : l'une que le brigand mérite qu'on ait égard à lui, quand il vient faire hommage au magistrat, et se rend sous l'obéissance des lois pour demander, et recevoir justice : l'autre que cela ne se fait pas tant en faveur des brigands, qu'en haine de celui qui veut retenir la sacré dépôt, ou qui procède par voie de fait ayant la justice en main. Et quant au premier nous en avons assez d'exemples, mais il n'y en a point de plus mémorable que d'Auguste l'Empereur, qui fit publier à son de trompe qu'il donnerait XXV. mil écus à celui qui prendrait Crocotas chef des voleurs en Espagne : de quoi averti Crocotas, se représente lui-même à l'Empereur, et lui demande XXV. mil écus. Auguste les lui fit payer, et lui donna sa grâce : afin qu'on ne pensât point qu'il voulût lui ôter la vie, pour le frustrer du loyer promis, et que la foi et sûreté publique fût gardée à celui qui venait en justice : combien qu'il pouvait procéder contre lui, et lui faire son procès. Mais qui voudrait user du droit commun envers les corsaires et voleurs, comme avec les droits ennemis, il ferait une périlleuse ouverture à tous vagabonds de se joindre aux brigands, et assurer leurs actions et ligues capitales sous le voile de justice. Non pas qu'il soit impossible de faire un bon Prince d'un voleur, ou d'un corsaire un bon Roi : et tel pirate y a, qui mérite mieux d'être appelé Roi, que plusieurs qui ont porté les sceptres et diadèmes, qui n'ont excuse véritable, ni vraisemblable, des voleries et cruautés qu'ils faisaient souffrir aux sujets : comme disait Demetrius le corsaire au Roi Alexandre le grand, qu'il n'avait appris autre métier de son père, ni hérité pour tout bien que deux frégates : mais quant à lui qui blâmait la piratique, il ravageait néanmoins, et brigandait avec deux puissantes armées, par mer, et par terre, encore qu'il eût de son père un grand et florissant royaume, ce qui émut Alexandre plutôt à un remord de conscience, que à venger la juste reproche à lui faite par un écumeur, qu'il fît alors capitaine en chef d'une légion : comme de notre âge Sultan Suleyman appela à son conseil les deux plus nobles corsaires de mémoire d'homme, Ariadin Barberousse, et Dragut Reis, faisant l'un et l'autre Amiral, et Bascha, tant pour nettoyer la mer des autres pirates, que pour assurer son état, et le cours de la traffique. Ces moyens d'attirer les chefs des pirates au port de vertu, est, et sera toujours louable, non seulement afin de ne réduire point telles gens au désespoir d'envahir l'état des Princes, ains[4] aussi pour ruiner les autres comme ennemis du genre humain : et quoi qu'ils semblent vivre en amitié et société partageant, également le butin, comme on disait de Bargule et de Viriat, néanmoins cela ne doit être appelé société, ni amitié, ni partage en termes de droit : ains conjurations, voleries et pillages : car le principal point auquel gît la vraie marque d'amitié leur défaut, c'est à savoir le droit gouvernement selon les lois de nature.

C'est pourquoi les anciens appelaient République une société d'hommes assemblés, pour bien et heureusement

---

[4] : « Mais au contraire ».

vivre : laquelle définition toutefois a plus qu'il ne faut d'une part, et moins d'une autre : car les trois points principaux y manquent, c'est à savoir la famille, la souveraineté, et ce qui est commun en une République : joint aussi que ce mot heureusement, ainsi qu'ils entendaient n'est point nécessaire : autrement la vertu n'aurait aucun prix si le vent ne soufflait toujours en poupe : ce que jamais homme de bien n'accordera : car la République peut être bien gouvernée, et sera néanmoins affligée de pauvreté, délaisse des amis, assiégée des ennemis, et comblée de plusieurs calamités : auquel état Cicéron même confesse avoir vue tomber la République de Marseille en Provence, qu'il dit avoir été la mieux ordonnée, et la plus accomplie qui fût onques en tout le monde sans exception : et au contraire il faudrait que la République fertile en assiette, abondante en richesses, fleurissant en hommes, révérée des amis, redoutée des ennemis, invincible en armes, puissante en châteaux, superbe en maisons, triomphante en gloire, fût droitement gouvernée, ores quelle fût débordée en méchancetés, et fondue en tous vices. Et néanmoins il est bien certain que la vertu n'a point d'ennemi plus capital, qu'un tel succès qu'on dit très heureux : et qu'il est presque impossible d'accoler ensemble deux choses si contraires. Par ainsi nous ne mettrons pas en ligne de compte, pour définir la République, ce mot heureusement : ains nous prendrons la mire plus haut pour toucher ou du moins approcher au droit gouvernement : toutefois nous ne voulons pas aussi figurer une République en idée sans effets, telle que Platon, et Thomas le More chancelier d'Angleterre ont imaginé, mais nous contenterons de suivre les règles Politiques au plus près qu'il sera possible : en quoi faisant on ne peut justement être blâmé, encore qu'on n'ait pas atteint le but où l'on visait, non plus que le maître pilote transporté de la tempête, ou le médecin vaincu de la maladie, ne sont pas moins estimés, pourvue que l'un ait bien gouverné son malade, et l'autre son navire. Or si la vraie félicité d'une République, et d'un homme seul est tout un, et que le souverain bien de la République en général aussi bien que d'un chacun en particulier, gît ès vertus intellectuelles, et contemplatives, comme les mieux entendus ont résolu : il faut aussi accorder que ce peuple-là jouît du souverain bien quand il a ce but devant les yeux, de s'exercer en la contemplation des choses naturelles, humaines, et divines, en rapportant la louange du tout au grand prince de nature. Si donc nous confessons que cela est le but principal de la vie bien heureuse d'un chacun en particulier, nous concluons aussi que c'est la fin et félicité d'une République, mais d'autant que les hommes d'affaires, et les Princes, ne font jamais tomber d'accord pour ce regard, chacun mesurant son bien au pied de ses plaisirs et contentements : et que ceux qui ont eu même opinion du souverain bien d'un particulier, n'ont pas toujours accordé que l'homme de bien, et le bon citoyen soit tout un : ni que la félicité d'un homme, et de toute la République fût pareille : cela fait qu'on a toujours eu variété de lois, de coutumes, et desseins, selon les humeurs et passions des Princes et gouverneurs. Toutefois puisque l'homme sage est la mesure de justice et de vérité : et que ceux-là qui sont réputés les plus sages, demeurent d'accord, que le souverain bien d'un particulier, et de la République n'est qu'un, sans faire différence entre l'homme de bien, et le bon citoyen, nous arrêterons là le vrai point de félicité, et le but principal auquel se doit rapporter le droit gouvernement d'une République : c'est que Aristote a doublé d'opinion, et tranché quelques fois le différend des parties par la moitié, couplant tantôt les richesses, tantôt la force et la santé avec l'action de vertu, pour s'accorder à la plus commune opinion des hommes : mais quand il en dispute plus subtilement, il met le comble de félicité en contemplation. Qui semble avoir donné occasion Marc Varron de dire, que la félicité des hommes est mêlée d'action, et de contemplation : et sa raison est à mon avis, que d'une chose simple, la félicité est simple, et d'une chose double, composée de parties diverses, la félicité est double : comme le bien du corps gît en santé, force, allégresse, et en la beauté des membres bien proportionnés : et la félicité de l'âme inférieure, qui est la vraie liaison du corps et de l'intellect, gît en l'obéissance que les appétits doivent à la raison : c'est à dire en l'action des vertus morales : tout ainsi que le souverain bien de la partie intellectuelle, gît aux vertus intellectuelles : c'est à savoir en prudence, science, et vraie religion : l'une touchant les choses humaines, l'autre les choses naturelles : la troisième les choses divines : la première montre la différence du bien et du mal, la seconde du vrai et du faux, la troisième de la piété et impiété, et ce qu'il faut choisir et fuir : car de ces trois se compose la vraie sagesse, où est le plus haut point de félicité en ce monde. Aussi peut-on dire par comparaison du petit au grand que la République doit avoir un territoire suffisant, et lieu capable pour les habitants, la fertilité d'un pays assez plantureux, et quantité de bétail pour la nourriture et vêtements des sujets : et pour les maintenir en santé la douceur du ciel, la température de l'air, la bonté des eaux : et pour la défense et retraite du peuple, les matières propres à bâtir maisons et places fortes, si le lieu de foi n'est assez couvert et défendable. Voilà les premières choses desquelles on est le plus soigneux en toute République et puis on cherche ses aisances : comme les médecines, les métaux, les teintures : et pour assujettir les ennemis, et allonger les frontières par conquêtes, on fait provision d'armes offensives : et d'autant que les appétits des hommes sont le plus souvent insatiables, on veut avoir en affluence, non seulement les choses utiles et nécessaires : ains aussi plaisantes et inutiles. Et tout ainsi qu'on ne pense guère à l'instruction d'un enfant qu'il ne soit élevé, nourri, et capable de raison : aussi les Républiques n'ont pas grand soin des vertus morales : ni des belles sciences, et moins encore de la contemplation des choses naturelles et divines, qu'elles ne soient garnies de ce qui leur fait besoin : et se contentent d'une prudence médiocre, pour assurer leur état contre les étrangers, et garder les sujets d'offenser les uns les autres, ou si quelqu'un est offensé, réparer la faute. Mais l'homme se voyant élevé et enrichi de tout ce qui lui est nécessaire et commode, et sa vie assurée d'un bon repos, et tranquillité douce, s'il est bien né il prend à contre-cœur les vicieux et méchants, et s'approche des gens de bien et vertueux : et quand son esprit est clair et net, des vices et passions qui troublent l'âme, il prend garde plus soigneusement à voir la diversité des choses humaines, les âges différentes, les humeurs contraires, la grandeur des uns, la ruine des autres, le changement des républiques : cherchant toujours les causes des effets qu'il voit. Puis après se tournant à la beauté de nature, il prend plaisir à la variété, des animaux, des plantes, des minéraux, considérant la forme, la qualité, la vertu de chacune, les haines et amitiés des unes envers les autres, et la suite des causes enchaînées, et dépendantes l'une de l'autre : puis laissant la région élémentaire, il dresse son vol jusqu'au ciel, avec les ailes de contemplation, pour voir la splendeur, la beauté, la force des lumières célestes, le mouvement terrible, la grandeur et hauteur d'icelles, et l'harmonie mélodieuse de tout ce monde : alors il est ravi d'un plaisir admirable, accompagné d'un désir perpétuel de trouver la première cause, et celui qui fût auteur d'un si beau chef d'œuvre : auquel étant parvenu, il arrête là le cours de ses contemplations, voyant qu'il est infini et incompréhensible en essence, en grandeur, en puissance, en sagesse, en bonté. Par ce moyen de contemplation, les hommes sages et entendus, ont résolu une très belle démonstration, c'est à savoir qu'il n'y a qu'un Dieu éternel et infini : et de là ont quasi tiré une conclusion de la félicité humaine. Si donc un tel homme est jugé sage, et bien heureux, aussi sera la république très-heureuse, ayant beaucoup de tels citoyens, encore qu'elle ne soit pas de grande étendue, ni opulente en biens, méprisant les pompes et délices, des cités superbes, plongées en plaisirs, et ne faut pas pourtant conclure que la félicité de l'homme soit confuse et mêlée : car combien que l'homme soit composé d'un corps mortel, et d'une âme immortelle, si faut-il confesser que son bien principal dépend de la partie la plus noble : car puisque le corps doit servir à l'âme, et l'appétit bestial à la raison divine, son bien souverain dépend aussi des vertus intellectuelles, que Aristote appelle l'action de l'intellect : et jaçoit qu'il eût dit que le souverain bien gît en l'action de vertu, si est-ce qu'en fin il a été contraint de confesser que l'action se rapporte à la contemplation, comme à sa fin, et qu'en icelle gît le souverain bien, autrement, dit-il, les hommes seraient plus heureux que Dieu, qui n'est point empêché aux actions muables, jouissant du fruit éternel de contemplation et d'un repos très-haut. Mais ne voulant pas s'arrêter ouvertement à l'avis de son maître, ni se départir de la maxime qu'il avait posée, c'est à savoir que le souverain bien gît en l'action de vertu, quand il a conclu la dispute du souverain bien, il a coulé doucement ce mot équivoque, l'action de l'intellect, pour contemplation, disant que la félicité de l'homme gît en l'action de l'intellect : afin qu'il ne semblait vouloir mettre la fin principale de l'homme, et des Républiques, en deux choses du tout contraires, c'est à savoir en mouvement, et en repos, en action et contemplation. Et néanmoins voyant que les hommes, et les Républiques sont en perpétuel mouvement, empêchés aux actions nécessaires, il n'a pas voulu dire simplement, que la félicité gît en contemplation, ce qu'il faut néanmoins avouer. Car quoi que les actions par lesquelles la vie de l'homme est entretenue soient fort nécessaires, comme boire et manger, si est-ce qu'il n'y eut jamais homme bien appris, qui fondait en cela le souverain bien. Aussi l'action des vertus morales est bien fort louable, par ce qu'il est impossible que l'âme puisse recueillir le doux fruit de contemplation, qu'elle ne soit éclaircie, et purifiée par les vertus morales, ou par la lumière divine : de sorte que les vertus morales, se rapportent aux intellectuelles. Or la félicité n'est pas accomplie, qui se rapporte, et cherche quelque chose de meilleur, comme le corps à l'âme, celle-ci à l'intellect, l'appétit à la raison, et vivre pour bien vivre. Par ainsi Marc Varron, qui mis que la vie de l'homme a besoin d'action, et de contemplation, mais que le souverain bien gît en contemplation, que les Académiques ont appelé la mort plaisante, et les Hébreux la mort précieuse, d'autant qu'elle ravît l'âme hors de fange corporelle, pour la déifier. Et néanmoins il est bien certain que la République ne peut être bien ordonnée, si on laisse du tout, ou pour long temps les actions ordinaires, la voie de justice, la garde et défense des sujets, les vivres, et provisions nécessaires à l'entretenement[5]

---

[5] : « L'entretien ».

d'iceux, non plus que l'homme ne peut vivre longuement, si l'âme est si fort ravie en contemplation, qu'on en perde le boire et le manger. Mais tout ainsi qu'en ce monde, qui est la vraie image de la République bien ordonnée, et de l'homme bien réglé, on voit la lune comme l'âme, s'approcher du Soleil, laissant aucunement la région élémentaire, qui ressent un merveilleux changement, pour le déclin de cette lumière, et tout après l'accouplement du Soleil, se remplir d'une vertu céleste, qu'elle rend à toutes choses : aussi l'âme de ce petit monde étant par fois ravie en contemplation, et aucunement unie à ce grand Soleil intellectuel, elle s'enflamme d'une clarté divine, et force émerveillable, et d'une vigueur céleste fortifiant le corps, et les forces naturelles. Mais si l'âme s'adonne par trop au corps, et s'enivre des plaisirs sensuels, sans rechercher le soleil divin, il lui en prend tout ainsi que à la lune, quand elle s'enveloppe du tout en l'ombre de la terre. Qui lui ôte sa lumière, et sa force, et produit par ce défaut plusieurs monstres. Et néanmoins si elle demeurait toujours unie au Soleil, il est bien certain que le monde élémentaire périrait. Nous ferons même jugement de la République bien ordonnée, la fin principale de laquelle, gît aux vertus contemplatives, jaçoit que les que les actions politiques soient préalables et les moins illustres soient les premières :

comme faire provisions nécessaires, pour entretenir, et défendre la vie des sujets : et néanmoins telles actions se rapportent aux morales, et celles-ci aux intellectuelles, la fin desquelles est la contemplation du plus beau sujet qui soit, et qu'on puisse imaginer.

Aussi voyons-nous que Dieu a laissé six jours pour toutes actions, étant la vie de l'homme sujette pour la plus-part à icelles : mais il a ordonné que le septième qu'il avait béni sus tous les autres serait chômé, comme le saint jour du repos, afin de l'employer en la contemplation de ses œuvres de sa loi, et de ses louanges. Voilà quant à la fin principale des Républiques bien ordonnées, qui sont d'autant plus heureuses, que plus près elles approchent de ce but : car tout ainsi qu'il y a plusieurs degrés de félicité, les unes plus, les autres moins, selon le but que chacune se propose pour imiter : comme on disait des Lacédémoniens, qu'ils étaient courageux, et magnanimes, et au reste de leurs actions injustes : par ce que leur institution, leurs lois, et coutumes, n'avaient autre but devant les yeux, que rendre les hommes courageux, et invincibles aux labeurs et douleurs, méprisant les plaisirs et délices. Mais la République des Romains a fleuri en justice, et surpassé celle de Lacédémonne, par ce que les Romains n'avaient pas seulement la magnanimité, ains aussi la vraie justice leur était un comme un sujet, auquel ils adressaient toutes leurs actions. Il faut donc s'efforcer de trouver les moyens de parvenir ou approcher de la félicité que nous avons dite, et à la définition de la République que nous avons posée.

Quelle est la fin principale de la République bien ordonnée - Jean Bodin

-Un monde à lire : cette chose politique-

Nathalie Brillant[6]

La campagne est passée. Les affiches rouge et noir perchées en sauvages sur les hauts murs sont candidates au délavage. Après avoir teinté, à coups de marker, la table en contreplaqué du salon, elles resteront longtemps en l'air, jusqu'aux lambeaux, avec la satisfaction du père : tu vois, personne n'a déchiré son portrait ni gribouillé sa figure, il est respecté, il ira loin. On n'a pas gagné les élections mais ça viendra, je le sens, j'y crois. Ton grand-père attend ce jour depuis si longtemps, et il arrivera. « Il faut enlever les

---

[6] : Nathalie Brillant cherche des textes, des images, des impromptus, et enseigne la lecture littéraire à l'Université de Rennes 2.

affiches, papa, c'est pas écologique ». Alors demi-tour à travers rues, spatule au poing et seau au bras, chansons aux lèvres gitaneuses, « c'était bien collé ». Mais on en laisse quand même deux, bien visibles, deux que les autres n'auront pas recouvertes car on allait bien plus vite qu'eux, malgré l'escabeau à trimballer et le pot de colle brinqueballant, dans la Deudeuche. Dans la vie, il faut savoir être contre : contre le nucléaire, contre la marée noire, contre l'expulsion des émigrés, contre les patrons et les flics. À deux ans je disais « non » (sauf aux cerises), plus tard je distribuais des autocollants et vendais des badges en forme de main ouverte.

La voilà la chose politique, dans sa plus éclatante familiarité : intime et collective, en famille et au village, dans la maison et dans les rues. Un monde construit en deux couleurs, en pour ou contre, en juste ou injuste, en vrai ou en mensonge, en bien ou en mal, le tout baigné d'une rage héroïque, où le seul regret aurait presque été de ne pouvoir mourir pour des idées. Faire de sa vie un idéal à poursuivre sans relâche, avec un goût d'amour dedans.

Il restait pourtant encore quelques dictatures à abolir dans ces années post-soixante-huitardes, de celles qui coupaient les doigts des musiciens, torturaient les opposants, vendaient des enfants de Rouges aux riches. Il restait des combats à poursuivre, à transmettre, avec toujours cette haine vive pour la soumission et l'injustice, ce vœu de délivrer du mal, de la tyrannie et du mépris.

Ces luttes qui n'auront coûté que quelques ramettes de papier et autres centaines d'heures de réunionite, qu'auront-elles gagné ou acquis ? Chaleur et camaraderie, éducation populaire, alternative laïque au patronage. On donnait pour le voisin mis au chômage, ce mot nouveau, cette future plaie ; on donnait pour la dame des hachélèmes encore enceinte avec toute sa smala ; on donnait pour trimballer la petite équipe de volley d'une salle communale à l'autre, pleine de sueur et de poussière ; on donnait pour garder le petit garçon d'Haïti, 3 kg en tout, fringues comprises ; on donnait pour le syndicat, le parti, le comité des fêtes et même un peu, parfois, pour la mission du curé ouvrier.

La chose, elle vibrait en tout cela. Alors qu'est-ce qui a suspendu le fil, atténué l'élan ? La désillusion ? Non. Le renoncement ? Surtout pas. Le retournement de valeurs ? Non, ce n'est pas cela. Rien n'est parti, tout s'est redessiné. Le monde est devenu complexe, l'échange d'idées pluriel : la binarité a explosé. Ce ne sont pas tant les nuances qui se sont imposées que d'inextricables brouillages, ce n'est pas le manque d'énergie qui l'a emporté mais la multiplicité des lieux où la déployer. La chose est au milieu de tout. Fierté toujours. Et le sentiment que sa véritable fonction l'excède, comme un poing d'enfant dans la nuit.

Et cette envie : que tout redevienne, toujours, possible.

-*D'aussi loin que je me souvienne…*-

Par Titouan Chenais[7]

D'aussi loin que je me souvienne, j'ai toujours été « de gauche ». Pire, la politique me passionne. Double peine ? Possible. Comment expliquer cette passion pour un sujet que je ne sais définir ? Je n'ai pas de prédisposition

---

[7] : Titouan Chenais, 23 ans, est étudiant de gauche en Institut d'études politiques.

particulière à être engagé et à gauche : je ne suis pas né dans une famille de syndicaliste (*mais ouvrière quand même*), je n'ai pas grandi sous le regard bienveillant d'un portrait de Jean Jaurès au-dessus de mon lit ni une assiette à l'effigie de François Mitterrand, je n'ai aucun souvenir du 21 avril 2002, … Bref. Sincèrement, c'est à se demander à quoi je m'accroche lorsque que je parle politique. Comment expliquer que les idéaux de gauche m'animent autant ?

Plutôt que d'investir et mobiliser des arguments d'autorités sur le sujet *-point sur lequel les autres contributeurs sont beaucoup plus brillants que moi-*, je propose que l'on tente une petite expérience qui se veut multipliable à chaque être humain sur cette planète : **penser par soi-même**. L'idée est d'aller chercher en soi « sa vérité » et, dans un second temps, de la confronter à celle des autres. Ma contribution se restreint malheureusement à « ma vérité » et j'invite chacun à faire l'exercice de confrontation de ma vérité à la sienne. Qu'est-ce qui au plus profond de moi-même, me permet de dire « c'est ça la politique » ? Peut-être qu'en creusant les origines de mon tropisme pour la chose politique, on pourra identifier du palpable, concret, appréhendable dans « la politique » permettant de dire : « c'est ça la politique ».

Soyons originaux. Prenons par exemple ma première expérience « politique ». Je ne suis pas (encore) député, maire ou porte-parole d'un groupe donc penchons-nous plutôt sur mon élection en tant que délégué de classe à l'école primaire (…puis au collège… puis au lycée… puis en classes préparatoires). Peut-on considérer ça comme de la politique ? Pourquoi pas. Peut-on en dégager des éléments politiques concrets ? Tentons l'expérience.

Être délégué comptait beaucoup pour moi à cette époque. J'en ai même fait une spécialité par la suite en étant, tous les ans, de nouveau réélu délégué de ma classe. Un vrai baron local. Très succinctement, de mon expérience personnelle il en ressort qu'un délégué représente et porte la parole d'un groupe spécifique (sa classe) dans une organisation donnée (l'établissement scolaire) et dans un contexte précis (conseil de classe, conseil de discipline, intermédiaire entre la direction et/ou les professeurs et la classe, etc.). Ainsi, le délégué se voit doter de la fonction par ses pairs, et reconnu par le règlement de son établissement, d'agir dans l'intérêt et pour le bien commun de sa classe (faire modifier le règlement intérieur, avoir accès à de nouveaux services, soutenir et accompagner individuellement chaque élève…). De mon expérience personnelle, pour y parvenir, il était nécessaire de comprendre le fonctionnement réel de l'organisation, les situations individuelles de chaque élève et de déployer des stratégies *-ou des manigances, ça dépend le point* *de vue-* pour atteindre un but : que chacun y trouve son compte, soit impliqué et se sente bien au sein de la classe. Cette gestion de la classe se voulait profondément collective, concertée. En tant que délégué, je ne parlais pas « à la place de » mais « au nom de » et « pour le compte de (la classe) » : la vie de classe n'est-elle pas l'affaire de tous les élèves de la classe ?

Ainsi, de cette modeste expérience se dégage un potentiel sens général de la politique : la politique c'est ce qui est relatif à l'organisation de la vie dans une société donnée. A cela se rattache deux sens particuliers : la compréhension du fonctionnement des organisations (1) et la gestion des affaires de la société, c'est-à-dire la pratique du « pouvoir » (2) qui en découle.

Or, si la politique c'est ce qui est relatif à l'organisation de la vie dans une société, il s'agit d'un principe qui, *de fait*, intéresse tous les individus qui composent cette société. **La politique est ce qui est l'affaire de tous**. De ce fait, faire de la politique, ce n'est ni une obligation qui émane d'une organisation, ni l'affaire d'une poignée d'individus et encore moins restreinte à la gestion des affaires courantes de la société.

D'aussi loin que je me souvienne, pour moi, la politique c'est ça.

- 31 -

Res Civica I - Qu'est-ce, au juste, que la politique ?

D'aussi loin que je me souvienne, pour moi, la politique c'est ça.

-Qu'est-ce au juste que la politique ?-

Par Nédra Farhat[8]

Cette question m'interpelle d'une part parce qu'il s'agit d'apporter un écot de réflexion dans la justesse et d'autre part parce que ladite réflexion tend vers la vie en société, le « vivre ensemble », en prenant en considération la singularité de chacun. Comment, en effet, construire ensemble une vie sociétale saine, authentique et durable ?

Faisons route dans les profondeurs du mot « politique » : à l'origine, deux termes grecs *"polis"* qui signifie "cité", et *"ikos"* qui est un suffixe d'adjectif qui donne "-ique" en français. Le mot « politique », d'après son étymologie, signifie "qui concerne le citoyen"; il s'agit de l'ensemble des pratiques , des faits, des institutions et des décisions d'un gouvernement d'un état ou d'une société. C'est à dire qu'il y

---

[8] : Nédra Farhat, née en 1979, est une militante politique et associative.

est question de gouvernance dans une société organisée. D'un point de vue sociologique, dans toute communauté humaine, il y a des enjeux de pouvoir, de contradiction et de rapport de force.

Cette relation au pouvoir dénude la pratique politique dans son authenticité.

Je me réfère au travail fourni de Vincent de Gauléjac qui a observé et analysé les changements sociaux dans les entreprises.

Au lieu de considérer que les conflits sont normaux parce qu'ils sont l'expression d'oppositions d'intérêts antagonistes, on fait comme s'il y régnait une saine organisation qui permettrait d'éradiquer tous les conflits. Donc, au lieu de les traiter, de les comprendre et de les prendre en compte, on les évacue, on les « externalise »[9]

C'est ainsi que "l'idéologie gestionnaire "remplace l'exercice de pouvoir ; il me semble essentiel de juxtaposer la pratique managériale dans les entreprises, analysée par de Gaulejac, avec la pratique politique dans notre société contemporaine.

---

[9] : Je renvoie ici aux fameux propos de l'économiste Michel Albert (1930-2015) : « Pour les entreprises, le chômage n'est pas un problème, c'est une solution. »

En effet, les pratiques managériales ne se font plus l'écho évident des organisations entrepreneuriales : sous couvert de neutralité, l'idéologie gestionnaire qui les sous-tend colonise toute la société. Villes, services publics, associations et jusqu'aux familles, s'organisent depuis une éthique de la rentabilité, du résultat, qui n'offre plus ces espaces d'échanges et de réflexions qui permettraient de penser la société épanouissante. Ainsi, aujourd'hui, l'ordre symbolique est réduit à l'insignifiance.

Ceci me laisse à penser en justesse, de ce qu'est la politique contemporaine, que le citoyen y est rendu insignifiant et exécutant, dans une véritable réfutation du « contrat social » de Jean Jacques Rousseau. Ce contrat donnant la possibilité à chacun de s'unir à tous les autres de telles sorte qu'il y participe à la fois du social, de la volonté générale et de sa propre liberté individuelle comme construction.

Enfin, pour répondre à ma question introductive, « Comment construire ensemble une vie sociétale saine, authentique et durable ? », je citerais volontiers "Je suis mon cœur" de Rousseau qui rend sa pensée si actuelle.

De par son rapport aux affects et aux sentiments, il fait entrer dans le champ politique cette dimension de solidarité, de compassion, d'humanité et de rapport aux autres qui est aussi un rapport affectif, rapport dont nous avons aujourd´hui peut-être encore plus besoin que dans le passé « idéologisé », puisque nous voici confrontés à des questions d'une ampleur et d'une technicité inédites et de plus en plus grosses d'inégalités, d'injustice et de distance avec les autres, dans un actuel que l'œuvre de l'auteur du *Contrat social* éclaire à l'évidence...

BIBLIOGRAPHIE SOMMAIRE :

- 37 -

- De Gaulejac, Vincent, *La Société malade de la gestion. Idéologie gestionnaire, pouvoir managérial et harcèlement social*, Paris, Seuil, 2005 ;

- Rousseau, Jean-Jacques, *Du Contrat social*, 1762, coll. « GF », Paris, Flammarion, 2011.

-Le droit à la parole-

Par Jean-Baptiste Ferrero[10]

Quand l'éditeur de cette revue m'a contacté dès potron-minet pour me demander d'écrire un article sur le thème : « Qu'est-ce au juste que la politique ? », j'ai pensé (pas forcément dans cet ordre) à une erreur d'adressage, à un lendemain de fête footballistique difficile, à un excès de substance prohibée, à un signe de démence précoce.

Qui suis-je pour m'exprimer sur un tel sujet ? De quelle compétence, de quelle légitimité puis-je me targuer pour m'autoriser à donner mon avis sur cette question ? De lointaines études de philo, une bonne dizaine de romans et presque trente années de vie professionnelle consacrée à la communication d'entreprise et aux risques psycho-sociaux constituent-ils un brevet de politologue ?

---

[10] : Jean-Baptiste Ferrero est consultant, coach, directeur de la communication, romancier, scénariste et deux ou trois autres choses sans importance...

Et puis il m'est apparu soudain qu'en me posant ces questions, je mettais involontairement le doigt sur le problème majeur – selon moi – de la politique telle qu'elle est pensée, vécue et le plus souvent subie par l'immense majorité de mes concitoyens : à savoir que la politique est une affaire d'experts et de professionnels à laquelle le *vulgum pecus* ne comprend goutte.

Si la majorité des citoyens s'est éloignée de la chose politique, c'est sans doute parce que celle-ci s'est souvent transformée en un débat de spécialistes de la fiscalité, des finances publiques ou des droits à la retraite.

Dès lors que certains ont – sans aucune preuve – affirmé le primat définitif de l'économique sur le politique, le discours politique s'est souvent retrouvé vidé de son contenu sociétal et fondamentalement subversif pour se retrouver cantonné à un registre laborieusement gestionnaire.

Le fameux « Il n'y a pas d'alternative » de Margaret Thatcher a sonné – pour longtemps – le glas de la politique.

Mais si elle ne peut se réduire à compter les petites cuillères de la République ou à contempler de pathétiques guerres picrocholines sur le taux de base de l'ISF, qu'est-ce alors que la politique ?

La politique, au fond, n'est sans doute que le droit de chacun d'entre nous de se mêler de ce qui ne le regarde pas, de sortir de ses égoïstes et pragmatiques petites préoccupations quotidiennes – la survie, la vie, l'amour, la mort et autres pirouettes personnelles – pour prendre position sur de plus vastes sujets.

Dans quel monde je veux vivre ? Dans quelle société ? Avec quelles valeurs ? Quelles priorités ? Quel avenir veux-je offrir à ma descendance ? Quelles règles doivent-elles s'appliquer ? Quelles lois ? Etc.

La politique ne peut se cantonner à administrer le monde d'aujourd'hui – des experts dotés d'un mandat ad hoc peuvent très bien s'en charger -, mais elle doit rêver du monde de demain.

Bien sûr, nous savons tous que ce rêve peut rapidement virer au cauchemar et le vingtième siècle en a abondamment fourni la démonstration.

Après la première gifle du totalitarisme est venue la seconde claque du libéralisme, laissant le citoyen sonné et convaincu que la politique n'est plus son affaire mais celle des spécialistes, des économistes, des managers.

Or, en tant que consultant, j'ai pu assister dans les entreprises – de manière équivalente – à la prise de pouvoir par les gestionnaires au détriment des entrepreneurs. Le résultat en a été une explosion des souffrances psychiques, du burn-out, du harcèlement et de la perte de sens. Pour paraphraser Oscar Wilde, je dirais que le gestionnaire est celui qui connaît le prix de tout et la valeur de rien.

Si le rêve du politique ou de l'entrepreneur n'est pas forcément exempt de dangers, celui du comptable est froidement mortifère car il a la beauté glacée des équations et la morne puissance des tableaux Excel.

Au fond, la politique c'est la vie. C'est le choix de prendre son existence à bras le corps, de s'immerger dans le monde en ayant le culot un peu fou de vouloir tant soit peu infléchir cette vague colossale. C'est la volonté de faire entendre sa voix, d'exister et de refuser la simple fatalité biologique ou sociale.

S'intéresser à la politique, c'est accepter d'être à la fois Prométhée et Sisyphe ; c'est revendiquer à la fois sa totale singularité et sa totale appartenance à la communauté ; c'est enfin être du côté de la vie, de la construction, du mouvement et de ce changement qui est la seule alternative à la vertigineuse et mortifère beauté de l'immobilisme.

Qu'est-ce au juste que la politique ?

C'est le droit que possède chacun de nommer le monde.

-Rendre le sourire-

- 45 -

Par Guillaume Gesret[11]

---

[11] : Guillaume Gesret se définit comme un « photographe humaniste ». Son travail vise à saisir la ponctualité intense du rapport quotidien du sujet et du monde.

-Du politique : de l'idéal à l'enquête (le cas de la démocratie)-

Par Rachelle Holbein[12]

La philosophie contemporaine s'intéresse à tous les aspects de la vie politique en démocratie. Les relations d'égalité et d'inégalité entre les citoyens, les liens de coopérations et les rapports de forces entre les groupes sociaux, les formes diverses de la participation à la vie politique et les mécanismes d'exclusions de celle-ci, et l'ensemble des pratiques et des procédures qui contribuent à organiser intentionnellement la vie politique, mais aussi des conditions sociales, psychologiques, morales, et économiques de ces activités et de ses procédures. Mais la

---

[12] : Ph D en Neurobiologie, Berkeley, Université paris VI, enseigne et recherche en neuro-imagerie. Science cognitive. Plasticienne. Poète. Vit entre Paris et San Francisco.

démocratie elle-même comme forme politique distincte reste un objet de préoccupation premier de la philosophie politique, parce cette idée reste en réalité un objet de dispute très vive, et qu'elle appelle encore un effort d'élucidation conceptuelle. L'incertitude relative de ce que c'est la démocratie au sens de cette idée, ne tient pas tellement en ce qu'elle s'est vue appropriée par des régimes qui n'ont rien de démocratique, qui censurent l'expression publique, qui rejettent ou détournent le suffrage universel, ou bafouent les droits de l'homme. Par exemple dans le cas de ces états qui se présentent eux-mêmes comme des démocraties illibérales.

Les causes de l'incertitude relative au sens de la démocratie sont plus profondes et on les retrouve au sein même de ces régimes qui sont généralement tenus pour incarner de la manière la plus typique c'est-à-dire en réalité, la moins imparfaite, l'idée de démocratie. Il n'y a pas d'accord dans les états dits démocratiques sur ce qui le rend démocratique. Est-ce le droit de vote ou le principe de la libre discussion, est-ce l'organisation régulière d'élection ou l'existence de formes de consultations et de participations directes des citoyens, est- ce la protection constitutionnelle des droits et des libertés fondamentaux, ou est-ce le pouvoir donné à la majorité ?

Et si c'est l'ensemble de ces éléments qui fait et forme une démocratie, quel équilibre, quelle architecture, les reliant tous ensemble fait de manière distinctive la démocratie ? Alors ce sont des désaccords théoriques, mais qui ont une application pratique immédiate. Ce qui est menacé ce sont les conditions d'un accord, non pas sur le bien-fondé des politiques, mais au moins sur leurs conditions de légitimité, sur ce qui fait que des politiques doivent être reconnus comme légitimes parce que conformes à l'idée démocratique, même si on les désapprouve. Du point de vue des typologies classiques héritées de la philosophie antique et moderne, les régimes que nous appelons aujourd'hui démocratie sont des régimes mixtes, des formes hybrides qui mêlent notamment des traits populaires et des traits aristocratiques, des aspects participatifs et des aspects élitistes. Et la variété des formes constitutionnelles qui relèvent de la démocratie aujourd'hui implique que l'on ne peut pas ramener cette idée à une architecture unique et figée. La démocratie aujourd'hui comme régime, admet des formes institutionnelles qui sont plurielles.

On peut bien sûr chercher à construire d'autres concepts et même d'autres modèles descriptifs, pour spécifier ou même pour désagréger ce que l'on entend par démocratie. Mais de tels instruments ne peuvent pas venir se substituer entièrement à l'idée de démocratie ou à le rendre caduque, tout simplement parce ce terme ne renvoie pas simplement à une catégorie descriptive, elle désigne aussi un idéal politique, c'est-à-dire une certaine représentation de ce qui devrait être ou de ce qui serait préférable politiquement, représentations qui aiguillent déjà jusqu'à un certain point, les pratiques et les institutions politiques dans ces régimes. Lorsque l'élaboration de politiques particulières, fiscales, environnementales, diplomatiques, sociales, se voit défendue au nom de la démocratie ou au contraire dénoncée, critiquée, au nom de la démocratie, ce n'est pas simplement à un ensemble d'instituions figées, qu'on appelle les acteurs politiques, que ce soient les dirigeants, les représentants de l'opposition, ou les forces contestataires. Ce à quoi il est fait appel, c'est à un idéal politique. C'est-à-dire, ultimement, aussi, à des principes normatifs. L'idéal démocratique bien sûr est lui-même contesté. Il fait l'objet d'interprétations qui sont plurielles et parfois contradictoires.

Mais on peut le saisir à partir de deux idées constitutives. D'abord la relation d'égalité qui est affirmée entre les individus qui forment le peuple, entre les citoyens, l'idée que ces individus collectivement se gouvernent eux-mêmes. L'idée du gouvernement du peuple, par le peuple, pour le peuple. Si l'on réunit ces deux idées, l'idéal démocratique est celui d'une communauté d'égaux qui ont la possibilité de participer à égalité à l'élaboration des règles qui les gouvernent et d'en bénéficier à égalité. Alors, un tel idéal, est certainement abstrait et exigeant. Il est souvent dénoncé comme utopique et chimérique, mais on ne peut pas se prononcer sur cette question tant qu'on en reste à une formulation et une idée aussi indéterminée.

Les deux idées constitutives de la démocratie peuvent l'une et l'autre peuvent faire l'objet de désaccords. L'égalité entre les citoyens s'entend tout d'abord en plusieurs sens. Egalite de quoi, selon quel rapport, et dans quelle sphère ? De la même manière l'idée d'autogouvernement peut être prise en des sens très différents. Elle ne renvoie presque jamais dans les théories philosophiques, à l'idée d'un exercice simultané et directe du pouvoir, et notamment du pouvoir exécutif, par tous. Il y a des formes de délégations et de représentations dont l'autogouvernement populaire doit s'accommoder. Mais lesquels ? C'est à cette question qu'une enquête philosophique sur cet idéal démocratique tente de répondre.

Il s'agit d'identifier les interprétations possibles de cet idéal, d'en considérer les justifications, et peut être de les départager, en référence à des valeurs explicites, comme la liberté ou l'égalité. Et il s'agit aussi d'éprouver la cohérence des visions de la politique qu'elle propose. Mais conduire une telle enquête, ce n'est pas pour autant se désintéresser des régimes réels que nous appelons démocratiques. Au contrainte, car c'est toujours afin d'évaluer ces régimes, et aussi de les transformer, que l'idéal démocratique se voit invoqué et mobilisé, et c'est pour cette raison qu'il est encore disputé.

La philosophie politique aujourd'hui ne pose pas simplement la question de la justification, ou de la cohérence, des idéaux politiques et des interprétations de l'idéal démocratique. Elle pose aussi la question de leur pertinence, c'est-à-dire de leur aptitude réelle à orienter à la fois la critique et l'action. L'histoire de la philosophie joue ainsi un rôle dans l'enquête contemporaine sur l'idéal démocratique. Il faut se méfier bien sur des usages anachroniques, qui sont légion sur cette question, des pensées antiques et modernes. Ce que nous entendons aujourd'hui par démocratie, n'est pas ce que Platon, Aristote ou même Montesquieu ou Rousseau mettait sous ce terme. Et c'est ignorer deux fois l'importance du contexte historique pour la pensée politique, que de vouloir appliquer directement sans médiation, aux sociétés complexes de masses actuelles, des discours élaborés à propose de cités états, et de petites républiques, ou même des états modernes des Lumières. Pour autant, c'est dans le dialogue avec ces pensées et avec les exemples historiques auxquels elles se sont associées, que se sont construites les démocraties contemporaines et qu'elles continuent d'être réfléchies. On connaît bien sûr l'importance de Rousseau pour les révolutionnaires français et de Montesquieu pour certains des fondateurs de la république Etats-unienne, et leurs pensées comme celles de tant d'autres, de Locke, Kant, Marx, Dewey, Arendt, continuent aujourd'hui d'inspirer les efforts pour conceptualiser l'actualité et les futurs possibles de la démocratie. Mais surtout les concepts à travers lesquels nous la pensons et nous la saisissons aujourd'hui, les concepts de peuple, de souveraineté, d'autonomie politique, de bien commun, d'égalité politique, ont été forgés par cette histoire au long cours. Eclairer leurs significations actuelles suppose de déployer à la fois d'utiliser les outils analytiques de la philosophie mais aussi la puissance de recontextualisation de l'histoire de la pensée politique.

La question du réalisme ou de l'irréalisme de la démocratie s'inscrit elle-même dans cette histoire. Certains des fondateurs des républiques issues des révolutions modernes, jugeaient que ces Etats ne pouvaient pas et de devaient pas devenir des démocraties, au sens où ils l'entendaient alors, en raison de la taille de la population, de l'étendue du territoire, et surtout de la division sociale du travail. Ce n'est que plus tard, et principalement au cours du XIX me siècle, que le gouvernement représentatif se redéfinit comme démocratie représentative, et fut théorisé comme telle par exemple chez Mill et ou chez Tocqueville. Ce qui donne des sens nouveaux à l'idée de démocratie.

Depuis l'origine de ces régimes, la question de la pertinence de l'idée démocratique, donc la question de la pertinence de notre répertoire conceptuel pour penser notre réalité politique se trouve mis en question. Enquêter aujourd'hui philosophiquement sur l'idéal démocratique, c'est aussi hériter de cette histoire.

La Philosophie politique ne peut désormais réfléchir qu'avec et même à partir des sciences sociales. Interroger la pertinence d'idéaux politique pour le présent suppose de se donner une compréhension de la réalité sociale, à la fois de l'actuelle et du possible. L'enquête philosophique doit donc s'adosser à une connaissance objectivée de la vie sociale. Or, ce sont ces sciences sociales qui y donnent accès. D'ailleurs, c'est en invoquant, cette discipline que les controverses philosophiques sur la démocratie, et notamment sur la question de son réalisme, se développe depuis plus d'un siècle. C'est en se basant sur certaines thèses, ou sur certains résultats, de la psychologie sociale ou sur la sociologie électorale, que des approches politiques qui se disent elles-mêmes réalistes, prétendent démontrer le caractère chimérique de l'idéal démocratique, en affirmant que dans les circonstances contemporaines les individus sont condamnés à une forme d'ignorance, d'incompétence, voire d'irrationalité sur le plan de la politique.

Mais c'est en se confrontant, au savoir plus largement produit par la sociologie, la psychologie, l'histoire et l'économie, qu'il a été possible et qu'il est encore possible de critiquer cette vision comme simplificatrice. En montrant, par exemple, qu'elle s'appuie sur des emprunts qui sont très lacunaires, partiels, aux sciences sociales. Se préoccuper par exemple seulement du niveau de savoir politique entendu en un sens étroit, le savoir électoral, de l'électeur individuel, c'est négliger les autres formes de savoirs qui sont politiquement pertinents, et qui font l'objet d'enquête empirique. C'est surtout ignorer le rôle que des institutions sociales et la division sociale du travail jouent aussi dans l'orientation des choix individuels, dans la prise de décisions collectives, mais aussi dans la production de connaissances qui sont pertinentes pour l'action, et dans la construction des mobilisations sociales. C'est seulement à partir d'une compréhension élargie de la vie sociale qu'il est possible d'identifier les ressources et les limites qu'elle offre à l'action politique, mais aussi de comprendre dans quelles mesures les idéaux étudiés par la philosophie sont déjà l'œuvre en pratique et d'ajuster en fonction l'interprétation que nous nous en donnons. L'enquête philosophique doit ainsi se nourrir des recherches empiriques et historiques, dès lors qu'elle prend pour objet la démocratie, à la fois comme régime et comme idéal.

Juin 2021.

-Qu'est-ce au juste que la politique ?-

Par Henri-Pierre Jeudy[13]

Même si on ne veut pas faire de politique, on ne peut pas affirmer qu'on est « apolitique » sans laisser entendre qu'une telle « mise à l'écart du politique » est aussi une galéjade. Personne n'est dupe : même s'il s'en défend, l'homme est un « animal politique ». Pour justifier que « la politique ne sert à rien », on invoque souvent une « crise de la représentativité » : les « gilets jaunes » se sont voulus

---

[13] : Henri-Pierre Jeudy, né en 1945 à Paris, est un philosophe, sociologue et écrivain français. Chercheur au CNRS, enseignant à l'école d'Architecture de Paris La Villette, membre de l'école doctorale "Pratique et Théorie du sens" de Paris VIII, enseignant à l'école des Hautes Etudes en Sciences Sociales, directeur de thèses à l'école doctorale de philosophie de Paris I.

« apolitiques » non dans le sens « où ils ne font pas de politique » mais en celui où ils ne croient plus en la capacité de représentation des élus dans la défense de leurs intérêts. Car le « mythe de la démocratie directe » est tenace surtout quand il est menacé d'une disparition totale par les pouvoirs décisionnels de la technocratie. On peut lui attribuer une connotation « populiste », il n'empêche qu'il stimule l'explosion des revendications en lui offrant une légitimité idéologique. Mais, pour arriver à catalyser la puissance d'un assentiment collectif, malgré la divergence des opinions et des doutes, il a fallu que le ressentiment communautaire à l'égard des pouvoirs politiques et de leurs pratiques de gouvernance ait débordé les limites du supportable.

Or, face aux revendications de toute sorte, le pouvoir politique ne devient-il pas de plus en plus dictatorial ? Il impose une reconnaissance obligée de la « nécessité indubitable » des décisions qu'il prend. Toute consultation démocratique semble n'être plus qu'une parodie pour légitimer une « décision qui a déjà été prise ». Nous assistons ainsi à la mise en scène d'un beau paradoxe, *celui d'une légitimation toujours anticipée des décisions*. Est-ce une nouvelle expression d'un *totalitarisme rétroactif par anticipation* ? Le pouvoir politique en décidant de « ce qui est nécessaire » au temps présent pour l'avenir impose simultanément l'idée

« que l'on ne puisse pas faire autrement ». Triomphe dans la collectivité l'impression pour chacun d'être le jouet de décisions prises au nom d'impératifs socio-économiques et de n'avoir en conséquence aucune action sur une quelconque construction de l'avenir de notre propre existence. Face à une telle aliénation se multiplient les objets et les raisons de la colère, et l'exaspération prend une tournure virale que stimulent les réseaux sociaux. La démocratie joue son rôle illusionniste « d'allégorie anachronique » tandis que l'individu subit la « mise en scène » de la désappropriation de ses moyens d'intervenir sur le devenir de la société dans laquelle il vit.

La politique ressemble à une pantomime tandis que l'exercice du pouvoir s'affiche dans la propagation *d'une abstraction conceptuelle de tout le fonctionnement de la société*. Les rapports sociaux sont orchestrés par les règles d'une grammaire institutionnelle qui préfigurent leur sens possible. Les métaphores conceptuelles jouent leur rôle de « police sémantique » en traquant l'arbitraire du sens qui pourrait naître des conflits sociaux. Mais la conceptualisation publique des conditions d'existence comme des manières de se les représenter, suppose une occultation radicale de la subjectivité. L'individu est acculé à être parlé à la troisième personne en abandonnant sa propre souveraineté au système logique d'une « gouvernance abstraite » qui a pour fonction de l'éclairer en permanence sur la finalité de ses actes et de ses états mentaux. Ainsi l'exercice du pouvoir se présente de plus en plus comme *« thérapeutique »*. Rien qu'à ce titre, la pandémie est pour lui une aubaine.

-Du souverain ou de la République-[14]

Par Jean de La Bruyère[15]

1 (I)[16]

Quand l'on parcourt, sans la prévention de son pays, toutes les formes de gouvernement, l'on ne sait à laquelle se tenir : il y a dans toutes le moins bon et le moins mauvais. Ce qu'il y a de plus raisonnable et de plus sûr, c'est d'estimer celle où l'on est né la meilleure de toutes, et de s'y soumettre.

2 (I)

---

[14] : Jean de La Bruyère, *Les Caractères ou les Mœurs de ce siècle*, coll. « Classiques jaunes », Paris, Garnier, 1995. On reprend ici l'ensemble du chapitre X de l'œuvre.

[15] : Jean de La Bruyère (1645-1696), est un moraliste français. Son œuvre majeure, *Les Caractères ou les Mœurs de ce siècle*, connaît une première édition en 1687, sous le titre Les Caractères de Théophraste traduits du grec puis Les Caractères ou les Mœurs de ce siècle, puis deux éditions en 1688, des éditions augmentées en 1689, 1690, 1691, 1692, 1693, et enfin une dernière édition en 1696. Le nom de La Bruyère ne figura sur aucune des éditions publiées de son vivant.

[16] : Le chiffre indiqué entre parenthèse renvoie à l'édition où apparaît pour la première fois la remarque.

Il ne faut ni art ni science pour exercer la tyrannie, et la politique qui ne consiste qu'à répandre le sang est fort bornée et de nul raffinement ; elle inspire de tuer ceux dont la vie est un obstacle à notre ambition : un homme né cruel fait cela sans peine. C'est la manière la plus horrible et la plus grossière de se maintenir ou de s'agrandir.

3 (IV)

C'est une politique sûre et ancienne dans les républiques que d'y laisser le peuple s'endormir dans les fêtes, dans les spectacles, dans le luxe, dans le faste, dans les plaisirs, dans la vanité et la mollesse ; le laisser se remplir du vide et savourer la bagatelle : quelles grandes démarches ne fait-on pas au despotique par cette indulgence !

4 (VII)

Il n'y a point de patrie dans le despotique ; d'autres choses y suppléent : l'intérêt, la gloire, le service du prince.

5 (IV)

Quand on veut changer et innover dans une république, c'est moins les choses que le temps que l'on considère.

Il y a des conjonctures où l'on sent bien qu'on ne saurait trop attenter contre le peuple ; et il y en a d'autres où il est clair qu'on ne peut trop le ménager. Vous pouvez aujourd'hui ôter à cette ville ses franchises, ses droits, ses privilèges ; mais demain ne songez pas même à réformer ses enseignes.

6 (IV)

Quand le peuple est en mouvement, on ne comprend pas par où le calme peut y rentrer ; et quand il est paisible, on ne voit pas par où le calme peut en sortir.

7 (IV)

Il y a de certains maux dans la république qui y sont soufferts, parce qu'ils préviennent ou empêchent de plus grands maux. Il y a d'autres maux qui sont tels seulement par leur établissement, et qui, étant dans leur origine un abus ou un mauvais usage, sont moins pernicieux dans leurs suites et dans la pratique qu'une loi plus juste ou une coutume plus raisonnable. L'on voit une espèce de maux que l'on peut corriger par le changement ou la nouveauté, qui est un mal, et fort dangereux. Il y en a d'autres cachés et enfoncés comme des ordures dans un cloaque, je veux dire ensevelis sous la honte, sous le secret et dans l'obscurité : on ne peut les fouiller et les remuer qu'ils n'exhalent le poison et l'infamie ; les plus sages doutent quelquefois s'il est mieux de connaître ces maux que de les ignorer. L'on tolère quelquefois dans un État un assez grand mal, mais qui détourne un million de petits maux ou d'inconvénients, qui tous seraient inévitables et irrémédiables.

Il se trouve des maux dont chaque particulier gémit, et qui deviennent néanmoins un bien public, quoique le public ne soit autre chose que tous les particuliers. Il y a des maux personnels qui concourent au bien et à l'avantage de chaque famille. Il y en a qui affligent, ruinent ou déshonorent les familles, mais qui tendent au bien et à la conservation de la machine de l'État et du gouvernement. D'autres maux renversent des États, et sur leurs ruines en élèvent de nouveaux. On en a vu enfin qui ont sapé par les fondements de grands empires, et qui les ont fait évanouir de dessus la terre, pour varier et renouveler la face de l'univers.

8 (VIII)

Qu'importe à l'État qu'Ergaste soit riche, qu'il ait des chiens qui arrêtent bien, qu'il crée les modes sur les équipages et sur les habits, qu'il abonde en superfluités ? Où il s'agit de l'intérêt et des commodités de tout le public, le particulier est-il compté ? La consolation des peuples dans les choses qui lui pèsent un peu est de savoir qu'ils soulagent le prince, ou qu'ils n'enrichissent que lui : ils ne se croient point redevables à Ergaste de l'embellissement de sa fortune.

9 (IV)

La guerre a pour elle l'antiquité ; elle a été dans tous les siècles : on l'a toujours vue remplir le monde de veuves et d'orphelins, épuiser les familles d'héritiers, et faire périr les frères à une même bataille. Jeune Soyecour ! je regrette ta vertu, ta pudeur, ton esprit déjà mûr, pénétrant, élevé, sociable ; je plains cette mort prématurée qui te joint à ton intrépide frère, et t'enlève à une cour où tu n'as fait que te montrer : malheur déplorable, mais ordinaire !

De tout temps les hommes, pour quelque morceau de terre de plus ou de moins, sont convenus entre eux de se dépouiller, se brûler, se tuer, s'égorger les uns les autres ; et pour le faire plus ingénieusement et avec plus de sûreté, ils ont inventé de belles règles qu'on appelle l'art militaire ; ils ont attaché à la pratique de ces règles la gloire ou la plus solide réputation ; et ils ont depuis renchéri de siècle en siècle sur la manière de se détruire réciproquement. De l'injustice des premiers hommes, comme de son unique source, est venue la guerre, ainsi que la nécessité où ils se sont trouvés de se donner des maîtres qui fixassent leurs droits et leurs prétentions. Si, content du sien, on eût pu s'abstenir du bien de ses voisins, on avait pour toujours la paix et la liberté.

10 (IV)

Le peuple paisible dans ses foyers, au milieu des siens, et dans le sein d'une grande ville où il n'a rien à craindre ni pour ses biens ni pour sa vie, respire le feu et le sang, s'occupe de guerres, de ruines, d'embrasements et de massacres, souffre impatiemment que des armées qui tiennent la campagne ne viennent point à se rencontrer, ou si elles sont une fois en présence, qu'elles ne combattent point, ou si elles se mêlent, que le combat ne soit pas sanglant et qu'il y ait moins de dix mille hommes sur la place. Il va même souvent jusques à oublier ses intérêts les plus chers, le repos et la sûreté, par l'amour qu'il a pour le changement, et par le goût de la nouveauté ou des choses extraordinaires. Quelques-uns consentiraient à voir une autre fois les ennemis aux portes de Dijon ou de Corbie, à voir tendre des chaînes et faire des barricades, pour le seul plaisir d'en dire ou d'en apprendre la nouvelle.

11 (VI)

Démophile, à ma droite, se lamente, et s'écrie : « Tout est perdu, c'est fait de l'État ; il est du moins sur le penchant de sa ruine. Comment résister à une si forte et si générale conjuration ? Quel moyen, je ne dis pas d'être supérieur, mais de suffire seul à tant et de si puissants ennemis ? Cela est sans exemple dans la monarchie. Un héros, un Achille y succomberait. On a fait, ajoute-t-il, de lourdes fautes : je sais bien ce que je dis, je suis du métier, j'ai vu la guerre, et l'histoire m'en a beaucoup appris. » Il parle là-dessus avec admiration d'Olivier le Daim et de Jacques cœur : « C'étaient là des hommes, dit-il, c'étaient des ministres. » Il débite ses nouvelles, qui sont toutes les plus tristes et les plus désavantageuses que l'on pourrait feindre : tantôt un parti des nôtres a été attiré dans une embuscade et taillé en pièces ; tantôt quelques troupes renfermées dans un château se sont rendues aux ennemis à discrétion, et ont passé par le fil de l'épée ; et si vous lui dites que ce bruit est faux et qu'il ne se confirme point, il ne vous écoute pas, il ajoute qu'un tel général a été tué ; et bien qu'il soit vrai qu'il n'a reçu qu'une légère blessure, et que vous l'en assuriez, il déplore sa mort, il plaint sa veuve, ses enfants, l'État ; il se plaint lui-même : il a perdu un bon ami et une grande protection. Il dit que la cavalerie allemande est invincible ; il pâlit au seul nom des cuirassiers de l'Empereur. « Si l'on attaque cette place, continue-t-il, on lèvera le siège. Ou l'on demeurera sur la défensive sans livrer de combat ; ou si on le livre, on le doit perdre ; et si on le perd, voilà l'ennemi sur la frontière. »

Et comme Démophile le fait voler, le voilà dans le cœur du royaume : il entend déjà sonner le beffroi des villes, et crier à l'alarme ; il songe à son bien et à ses terres : où conduirat-il son argent, ses meubles, sa famille ? où se réfugiera-t-il ? en Suisse ou à Venise ?

Mais, à ma gauche, Basilide met tout d'un coup sur pied une armée de trois cent mille hommes ; il n'en rabattrait pas une seule brigade : il a la liste des escadrons et des bataillons, des généraux et des officiers ; il n'oublie pas l'artillerie ni le bagage. Il dispose absolument de toutes ces troupes : il en envoie tant en Allemagne et tant en Flandre ; il réserve un certain nombre pour les Alpes, un peu moins pour les Pyrénées, et il fait passer la mer à ce qui lui reste. Il connaît les marches de ces armées, il sait ce qu'elles feront et ce qu'elles ne feront pas ; vous diriez qu'il ait l'oreille du prince ou le secret du ministre. Si les ennemis viennent de perdre une bataille où il soit demeuré sur la place quelque neuf à dix mille hommes des leurs, il en compte jusqu'à trente mille, ni plus ni moins ; car ses nombres sont toujours fixes et certains, comme de celui qui est bien informé. S'il apprend le matin que nous avons perdu une bicoque, non seulement il envoie s'excuser à ses amis qu'il a la veille conviés à dîner, mais même ce jour-là il ne dîne point, et s'il soupe, c'est sans appétit. Si les nôtres assiègent une place très forte, très régulière, pourvue de vivres et de munitions, qui a une bonne garnison, commandée par un homme d'un grand courage, il dit que la ville a des endroits faibles et mal fortifiés, qu'elle manque de poudre, que son gouverneur manque d'expérience, et qu'elle capitulera après huit jours de tranchée ouverte.

Une autre fois il accourt tout hors d'haleine, et après avoir respiré un peu : « Voilà, s'écrie-t-il, une grande nouvelle ; ils sont défaits, et à plate couture ; le général, les chefs, du moins une bonne partie, tout est tué, tout a péri. Voilà, continue-t-il, un grand massacre, et il faut convenir que nous jouons d'un grand bonheur. » Il s'assit, il souffle, après avoir débité sa nouvelle, à laquelle il ne manque qu'une circonstance, qui est qu'il est certain qu'il n'y a point eu de bataille. Il assure d'ailleurs qu'un tel prince renonce à la ligue et quitte ses confédérés, qu'un autre se dispose à prendre le même parti ; il croit fermement avec la populace qu'un troisième est mort : il nomme le lieu où il est enterré ; et quand on est détrompé aux halles et aux faubourgs, il parie encore pour l'affirmative. Il sait, par une voie indubitable, que T.K.L. fait de grands progrès contre l'Empereur ; que le Grand Seigneur arme puissamment, ne veut point de paix, et que son vizir va se montrer une autre fois aux portes de Vienne. Il frappe des mains, et il tressaille sur cet événement, dont il ne doute plus. La triple alliance chez lui est un Cerbère, et les ennemis autant de monstres à assommer. Il ne parle que de lauriers, que de palmes, que de triomphes et que de trophées. Il dit dans le discours familier : Notre auguste Héros, notre grand Potentat, notre invincible Monarque. Réduisez-le, si vous pouvez, à dire simplement : Le Roi a beaucoup d'ennemis, ils sont puissants, ils sont unis, ils sont aigris : il les a vaincus, j'espère toujours qu'il les pourra vaincre.

Ce style, trop ferme et trop décisif pour Démophile, n'est pour Basilide ni assez pompeux ni assez exagéré ; il a bien d'autres expressions en tête : il travaille aux inscriptions des arcs et des pyramides qui doivent orner la ville capitale un jour d'entrée ; et dès qu'il entend dire que les armées sont en présence, ou qu'une place est investie, il fait déplier sa robe et la mettre à l'air, afin qu'elle soit toute prête pour la cérémonie de la cathédrale.

12 (IV)

Il faut que le capital d'une affaire qui assemble dans une ville les plénipotentiaires ou les agents des couronnes et des républiques, soit d'une longue et extraordinaire discussion, si elle leur coûte plus de temps, je ne dis pas que les seuls préliminaires, mais que le simple règlement des rangs, des préséances et des autres cérémonies.

Le ministre ou le plénipotentiaire est un caméléon, est un Protée. Semblable quelquefois à un joueur habile, il ne montre ni humeur ni complexion, soit pour ne point donner lieu aux conjectures ou se laisser pénétrer, soit pour ne rien laisse échapper de son secret par passion ou par faiblesse. Quelquefois aussi il sait feindre le caractère le plus conforme aux vues qu'il a et aux besoins où il se trouve, et paraître tel qu'il a intérêt que les autres croient qu'il est en effet. Ainsi dans une grande puissance, ou dans une grande faiblesse qu'il veut dissimuler, il est ferme et inflexible, pour ôter l'envie de beaucoup obtenir ; ou il est facile, pour fournir aux autres les occasions de lui demander, et se donner la même licence.

Une autre fois, ou il est profond et dissimulé, pour cacher une vérité en l'annonçant, parce qu'il lui importe qu'il l'ait dite, et qu'elle ne soit pas crue ; ou il est franc et ouvert, afin que lorsqu'il dissimule ce qui ne doit pas être su, l'on croie néanmoins qu'on n'ignore rien de ce que l'on veut savoir, et que l'on se persuade qu'il a tout dit.

De même, ou il est vif et grand parleur, pour faire parler les autres, pour empêcher qu'on ne lui parle de ce qu'il ne veut pas ou de ce qu'il ne doit pas savoir, pour dire plusieurs choses indifférentes qui se modifient ou qui se détruisent les unes les autres, qui confondent dans les esprits la crainte et la confiance, pour se défendre d'une ouverture qui lui est échappée par une autre qu'il aura faite ; ou il est froid et taciturne, pour jeter les autres dans l'engagement de parler, pour écouter longtemps, pour être écouté quand il parle, pour parler avec ascendant et avec poids, pour faire des promesses ou des menaces qui portent un grand coup et qui ébranlent. Il s'ouvre et parle le premier pour, en découvrant les oppositions, les contradictions, les brigues et les cabales des ministres étrangers sur les propositions qu'il aura avancées, prendre ses mesures et avoir la réplique ; et dans une autre rencontre, il parle le dernier, pour ne point parler en vain, pour être précis, pour connaître parfaitement les choses sur quoi il est permis de faire fond pour lui ou pour ses alliés, pour savoir ce qu'il doit demander et ce qu'il peut obtenir.

Il sait parler en termes clairs et formels ; il sait encore mieux parler ambigument, d'une manière enveloppée, user de tours ou de mots équivoques, qu'il peut faire valoir ou diminuer dans les occasions, et selon ses intérêts. Il demande peu quand il ne veut pas donner beaucoup ; il demande beaucoup pour avoir peu, et l'avoir plus sûrement.

Il exige d'abord de petites choses, qu'il prétend ensuite lui devoir être comptées pour rien, et qui ne l'excluent pas d'en demander une plus grande ; et il évite au contraire de commencer par obtenir un point important, s'il l'empêche d'en gagner plusieurs autres de moindre conséquence, mais qui tous ensemble l'emportent sur le premier.

Il demande trop, pour être refusé, mais dans le dessein de se faire un droit ou une bienséance de refuser lui-même ce qu'il sait bien qu'il lui sera demandé, et qu'il ne veut pas octroyer : aussi soigneux alors d'exagérer l'énormité de la demande, et de faire convenir, s'il se peut, des raisons qu'il a de n'y pas entendre, que d'affaiblir celles qu'on prétend avoir de ne lui pas accorder ce qu'il sollicite avec instance ; également appliqué à faire sonner haut et à grossir dans l'idée des autres le peu qu'il offre, et à mépriser ouvertement le peu que l'on consent de lui donner. Il fait de fausses offres, mais extraordinaires, qui donnent de la défiance, et obligent de rejeter ce que l'on accepterait inutilement ; qui lui sont cependant une occasion de faire des demandes exorbitantes, et mettent dans leur tort ceux qui les lui refusent. Il accorde plus qu'on ne lui demande, pour avoir encore plus qu'il ne doit donner.

Il se fait longtemps prier, presser, importuner sur une chose médiocre, pour éteindre les espérances et ôter la pensée d'exiger de lui rien de plus fort ; ou s'il se laisse fléchir jusques à l'abandonner, c'est toujours avec des conditions qui lui font partager le gain et les avantages avec ceux qui reçoivent. Il prend directement ou indirectement l'intérêt d'un allié, s'il y trouve son utilité et l'avancement de ses prétentions. Il ne parle que de paix, que d'alliances, que de tranquillité publique, que d'intérêt public ; et en effet il ne songe qu'aux siens, c'est-à-dire à ceux de son maître ou de sa république.

Tantôt il réunit quelques-uns qui étaient contraires les uns aux autres, et tantôt il divise quelques autres qui étaient unis. Il intimide les forts et les puissants, il encourage les faibles. Il unit d'abord d'intérêt plusieurs faibles contre un plus puissant, pour rendre la balance égale ; il se joint ensuite aux premiers pour la faire pencher, et il leur vend cher sa protection et son alliance. Il sait intéresser ceux avec qui il traite ; et par un adroit manège, par de fins et de subtils détours, il leur fait sentir leurs avantages particuliers, les biens et les honneurs qu'ils peuvent espérer par une certaine facilité, qui ne choque point leur commission ni les intentions de leurs maîtres. Il ne veut pas aussi être cru imprenable par cet endroit ; il laisse voir en lui quelque peu de sensibilité pour sa fortune : il s'attire par là des propositions qui lui découvrent les vues des autres les plus secrètes, leurs desseins les plus profonds et leur dernière ressource ; et il en profite.

Si quelquefois il est lésé dans quelques chefs qui ont enfin été réglés, il crie haut ; si c'est le contraire ; il crie plus haut, et jette ceux qui perdent sur la justification et la défensive. Il a son fait digéré par la cour, toutes ses démarches sont mesurées, les moindres avances qu'il fait lui sont prescrites ; et il agit néanmoins, dans les points difficiles et dans les articles contestés, comme s'il se relâchait de lui-même sur-le-champ, et comme par un esprit d'accommodement ; il ose même promettre à l'assemblée qu'il fera goûter la proposition, et qu'il n'en sera pas désavoué. Il fait courir un bruit faux des choses seulement dont il est chargé, muni d'ailleurs de pouvoirs particuliers, qu'il ne découvre jamais qu'à l'extrémité, et dans les moments où il lui serait pernicieux de ne les pas mettre en usage. Il tend surtout par ses intrigues au solide et à l'essentiel, toujours prêt de leur sacrifier les minuties et les points d'honneur imaginaires. Il a du flegme, il s'arme de courage et de patience, il ne se lasse point, il fatigue les autres, et les pousse jusqu'au découragement. Il se précautionne et s'endurcit contre les lenteurs et les remises, contre les reproches, les soupçons, les défiances, contre les difficultés et les obstacles, persuadé que le temps seul et les conjonctures amènent les choses et conduisent les esprits au point où on les souhaite. Il va jusques à feindre un intérêt secret à la rupture de la négociation, lorsqu'il désire le plus ardemment qu'elle soit continuée ; et si au contraire il a des ordres précis de faire les derniers efforts pour la rompre, il croit devoir, pour y réussir, en presser la continuation et la fin.

S'il survient un grand événement, il se raidit ou il se relâche selon qu'il lui est utile ou préjudiciable ; et si par une grande prudence il sait le prévoir, il presse et il temporise selon que l'État pour qui il travaille en doit craindre ou espérer ; et il règle sur ses besoins ses conditions. Il prend conseil du temps, du lieu, des occasions, de sa puissance ou de sa faiblesse, du génie des nations avec qui il traite, du tempérament et du caractère des personnes avec qui il négocie. Toutes ses vues, toutes ses maximes, tous les raffinements de sa politique tendent à une seule fin, qui est de n'être point trompé, et de tromper les autres.

13 (I)

Le caractère des Français demande du sérieux dans le souverain.

14 (I)

L'un des malheurs du prince est d'être souvent trop plein de son secret, par le péril qu'il y a à le répandre : son bonheur est de rencontrer une personne sûre qui l'en décharge.

15 (I)

Il ne manque rien à un roi que les douceurs d'une vie privée ; il ne peut être consolé d'une si grande perte que par le charme de l'amitié, et par la fidélité de ses amis.

16 (I)

Le plaisir d'un roi qui mérite de l'être est de l'être moins quelquefois, de sortir du théâtre, de quitter le bas de saye et les brodequins, et de jouer avec une personne de confiance un rôle plus familier.

17 (I)

Rien ne fait plus d'honneur au prince que la modestie de son favori.

18 (I)

Le favori n'a point de suite ; il est sans engagement et sans liaisons ; il peut être entouré de parents et de créatures, mais il n'y tient pas ; il est détaché de tout, et comme isolé.

20 (VI)

Je ne doute point qu'un favori, s'il a quelque force et quelque élévation, ne se trouve souvent confus et déconcerté des bassesses, des petitesses, de la flatterie, des soins superflus et des attentions frivoles de ceux qui le courent, qui le suivent, et qui s'attachent à lui comme ses viles créatures ; et qu'il ne se dédommage dans le particulier d'une si grande servitude par le ris et la moquerie.

21 (VI)

Hommes en place, ministres, favoris, me permettrez-vous de le dire ? ne vous reposez point sur vos descendants pour le soin de votre mémoire et pour la durée de votre nom : les titres passent, la faveur s'évanouit, les dignités se perdent, les richesses se dissipent, et le mérite dégénère. Vous avez des enfants, il est vrai, dignes de vous, j'ajoute même capables de soutenir toute votre fortune ; mais qui peut vous en promettre autant de vos petits-fils ? Ne m'en croyez pas, regardez cette unique fois de certains hommes que vous ne regardez jamais, que vous dédaignez : ils ont des aïeuls, à qui, tout grands que vous êtes, vous ne faites que succéder. Ayez de la vertu et de l'humanité ; et si vous me dites : « Qu'aurons-nous de plus ? » je vous répondrai :

« De l'humanité et de la vertu. » Maîtres alors de l'avenir, et indépendants d'une postérité, vous êtes sûrs de durer autant que la monarchie ; et dans le temps que l'on montrera les ruines de vos châteaux, et peut-être la seule place où ils étaient construits, l'idée de vos louables actions sera encore fraîche dans l'esprit des peuples ; ils considéreront avidement vos portraits et vos médailles ; ils diront : « Cet homme dont vous regardez la peinture a parlé à son maître avec force et avec liberté, et a plus craint de lui nuire que de lui déplaire ; il lui a permis d'être bon et bienfaisant, de dire de ses villes : Ma bonne ville, et de son peuple : Mon peuple. Cet autre dont vous voyez l'image, et en qui l'on remarque une physionomie forte, jointe à un air grave, austère et majestueux, augmente d'année à autre de réputation : les plus grands politiques souffrent de lui être comparés. Son grand dessein a été d'affermir l'autorité du prince et la sûreté des peuples par l'abaissement des grands : ni les partis, ni les conjurations, ni les trahisons, ni le péril de la mort, ni ses infirmités n'ont pu l'en détourner. Il a eu du temps de reste pour entamer un ouvrage, continué ensuite et achevé par l'un de nos plus grands et de nos meilleurs princes, l'extinction de l'hérésie. »

22 (VIII)

Le panneau le plus délié et le plus spécieux qui dans tous les temps ait été tendu aux grands par leurs gens d'affaires, et aux rois par leurs ministres, est la leçon qu'ils leur font de s'acquitter et de s'enrichir. Excellent conseil ! maxime utile, fructueuse, une mine d'or, un Pérou, du moins pour ceux qui ont su jusqu'à présent l'inspirer à leurs maîtres.

23 (IV)

C'est un extrême bonheur pour les peuples quand le prince admet dans sa confiance et choisit pour le ministère ceux mêmes qu'ils auraient voulu lui donner, s'ils en avaient été les maîtres.

24 (IV)

La science des détails, ou une diligente attention aux moindres besoins de la république, est une partie essentielle au bon gouvernement, trop négligée à la vérité dans les derniers temps par les rois ou par les ministres, mais qu'on ne peut trop souhaiter dans le souverain qui l'ignore, ni assez estimer dans celui qui la possède. Que sert en effet au bien des peuples et à la douceur de leurs jours, que le prince place les bornes de son empire au-delà des terres de ses ennemis, qu'il fasse de leurs souverainetés des provinces de son royaume ; qu'il leur soit également supérieur par les sièges et par les batailles, et qu'ils ne soient devant lui en sûreté ni dans les plaines ni dans les plus forts bastions ; que les nations s'appellent les unes les autres, se liguent ensemble pour se défendre et pour l'arrêter ; qu'elles se liguent en vain, qu'il marche toujours et qu'il triomphe toujours ; que leurs dernières espérances soient tombées par le raffermissement d'une santé qui donnera au monarque le plaisir de voir les princes ses petits-fils soutenir ou accroître ses destinées, se mettre en campagne, s'emparer de redoutables forteresses, et conquérir de nouveaux États ; commander de vieux et expérimentés capitaines, moins par leur rang et leur naissance que par leur génie et leur sagesse ; suivre les traces augustes de leur victorieux père ; imiter sa bonté sa docilité, son équité, sa vigilance, son intrépidité ?

Que me servirait en un mot, comme à tout le peuple, que le prince fût heureux et comblé de gloire par lui-même et par les siens, que ma patrie fût puissante et formidable, si, triste et inquiet, j'y vivais dans l'oppression ou dans l'indigence ; si, à couvert des courses de l'ennemi, je me trouvais exposé dans les places ou dans les rues d'une ville au fer d'un assassin, et que je craignisse moins dans l'horreur de la nuit d'être pillé ou massacré dans d'épaisses forêts que dans ses carrefours ; si la sûreté, l'ordre et la propreté ne rendaient pas le séjour des villes si délicieux, et n'y avaient pas amené, avec l'abondance, la douceur de la société ; si, faible et seul de mon parti, j'avais à souffrir dans ma métairie du voisinage d'un grand, et si l'on avait moins pourvu à me faire justice de ses entreprises ; si je n'avais pas sous ma main autant de maîtres, et d'excellents maîtres, pour élever mes enfants dans les sciences ou dans les arts qui feront un jour leur établissement ; si, par la facilité du commerce, il m'était moins ordinaire de m'habiller de bonnes étoffes, et de me nourrir de viandes saines, et de les acheter peu ; si enfin, par les soins du prince, je n'étais pas aussi content de ma fortune, qu'il doit lui-même par ses vertus l'être de la sienne ?

25 (VII)

Les huit ou les dix mille hommes sont au souverain comme une monnaie dont il achète une place ou une victoire : s'il fait qu'il lui en coûte moins, s'il épargne les hommes, il ressemble à celui qui marchande et qui connaît mieux qu'un autre le prix de l'argent.

26 (VII)

Tout prospère dans une monarchie où l'on confond les intérêts de l'État avec ceux du prince.

27 (VII)

Nommer un roi Père du peuple est moins faire son éloge que l'appeler par son nom, ou faire sa définition.

28 (VII)

Il y a un commerce ou un retour de devoirs du souverain à ses sujets, et de ceux-ci au souverain : quels sont les plus assujettissants et les plus pénibles, je ne le déciderai pas. Il s'agit de juger, d'un côté, entre les étroits engagements du respect, des secours, des services, de l'obéissance, de la dépendance ; et d'un autre, les obligations indispensables de bonté, de justice, de soins, de défense, de protection. Dire qu'un prince est arbitre de la vie des hommes, c'est dire seulement que les hommes par leurs crimes deviennent naturellement soumis aux lois et à la justice, dont le prince est le dépositaire : ajouter qu'il est maître absolu de tous les biens de ses sujets, sans égards, sans compte ni discussion, c'est le langage de la flatterie, c'est l'opinion d'un favori qui se dédira à l'agonie.

29 (VII)

Quand vous voyez quelquefois un nombreux troupeau, qui répandu sur une colline vers le déclin d'un beau jour, paît tranquillement le thym et le serpolet, ou qui broute dans une prairie une herbe menue et tendre qui a échappé à la faux du moissonneur, le berger, soigneux et attentif, est debout auprès de ses brebis.

Il ne les perd pas de vue, il les suit, il les conduit, il les change de pâturage ; si elles se dispersent, il les rassemble ; si un loup avide paraît, il lâche son chien, qui le met en fuite ; il les nourrit, il les défend ; l'aurore le trouve déjà en pleine campagne, d'où il ne se retire qu'avec le soleil : quels soins ! quelle vigilance ! quelle servitude !

Quelle condition vous paraît la plus délicieuse et la plus libre, ou du berger ou des brebis ? le troupeau est-il fait pour le berger, ou le berger pour le troupeau ? Image naïve des peuples et du prince qui les gouverne, s'il est bon prince.

Le faste et le luxe dans un souverain, c'est le berger habillé d'or et de pierreries, la houlette d'or en ses mains ; son chien a un collier d'or, il est attaché avec une laisse d'or et de soie. Que sert tant d'or à son troupeau ou contre les loups ?

30 (VII)

Quelle heureuse place que celle qui fournit dans tous les instants l'occasion à un homme de faire du bien à tant de milliers d'hommes ! Quel dangereux poste que celui qui expose à tous moments un homme à nuire à un million d'hommes !

31 (VII)

Si les hommes ne sont point capables sur la terre d'une joie plus naturelle, plus flatteuse et plus sensible, que de connaître qu'ils sont aimés, et si les rois sont hommes, peuvent-ils jamais trop acheter le cœur de leurs peuples ?

32 (I)

Il y a peu de règles générales et de mesures certaines pour bien gouverner ; l'on suit le temps et les conjonctures, et cela roule sur la prudence et sur les vues de ceux qui règnent : aussi le chef-d'œuvre de l'esprit, c'est le parfait gouvernement ; et ce ne serait peut-être pas une chose possible, si les peuples, par l'habitude où ils sont de la dépendance et de la soumission, ne faisaient la moitié de l'ouvrage.

33 (I)

Sous un très grand roi, ceux qui tiennent les premières places n'ont que des devoirs faciles, et que l'on remplit sans nulle peine : tout coule de source ; l'autorité et le génie du prince leur aplanissent les chemins, leur épargnent les difficultés, et font tout prospérer au-delà de leur attente : ils ont le mérite de subalternes.

34 (V)

Si c'est trop de se trouver chargé d'une seule famille, si c'est assez d'avoir à répondre de soi seul, quel poids, quel accablement, que celui de tout un royaume ! Un souverain est-il payé de ses peines par le plaisir que semble donner une puissance absolue, par toutes les prosternations des courtisans ? Je songe aux pénibles, douteux et dangereux chemins qu'il est quelquefois obligé de suivre pour arriver à la tranquillité publique ; je repasse les moyens extrêmes, mais nécessaires, dont il use souvent pour une bonne fin ; je sais qu'il doit répondre à Dieu même de la félicité de ses peuples, que le bien et le mal est en ses mains, et que toute ignorance ne l'excuse pas ; et je me dis à moi-même :

« Voudrais-je régner ? » Un homme un peu heureux dans une condition privée devrait-il y renoncer pour une monarchie ? N'est-ce pas beaucoup, pour celui qui se trouve en place par un droit héréditaire, de supporter d'être né roi ?

35 (I)

Que de dons du ciel ne faut-il pas pour bien régner ! Une naissance auguste, un air d'empire et d'autorité, un visage qui remplisse la curiosité des peuples empressés de voir le prince, et qui conserve le respect dans le courtisan ; une parfaite égalité d'humeur ; un grand éloignement pour la raillerie piquante, ou assez de raison pour ne se la permettre point ; ne faire jamais ni menaces ni reproches ; ne point céder à la colère, et être toujours obéi ; l'esprit facile, insinuant ; le cœur ouvert, sincère, et dont on croit voir le fond, et ainsi très propre à se faire des amis, des créatures et des alliés ; être secret toutefois, profond et impénétrable dans ses motifs et dans ses projets ; du sérieux et de la gravité dans le public ; de la brièveté, jointe à beaucoup de justesse et de dignité, soit dans les réponses aux ambassadeurs des princes, soit dans les conseils ; une manière de faire des grâces qui est comme un second bienfait ; le choix des personnes que l'on gratifie ; le discernement des esprits, des talents, et des complexions pour la distribution des postes et des emplois ; le choix des généraux et des ministres ; un jugement ferme, solide, décisif dans les affaires, qui fait que l'on connaît le meilleur parti et le plus juste ; un esprit de droiture et d'équité qui fait qu'on le suit jusques à prononcer quelquefois contre soi-même en faveur du peuple, des alliés, des ennemis.

Une mémoire heureuse et très présente, qui rappelle les besoins des sujets, leurs visages, leurs noms, leurs requêtes ; une vaste capacité, qui s'étende non seulement aux affaires de dehors, au commerce, aux maximes d'État, aux vues de la politique, au reculement des frontières par la conquête de nouvelles provinces, et à leur sûreté par un grand nombre de forteresses inaccessibles ; mais qui sache aussi se renfermer au dedans, et comme dans les détails de tout un royaume ; qui en bannisse un culte faux, suspect et ennemi de la souveraineté, s'il s'y rencontre ; qui abolisse des usages cruels et impies, s'ils y règnent ; qui réforme les lois et les coutumes, si elles étaient remplies d'abus ; qui donne aux villes plus de sûreté et plus de commodités par le renouvellement d'une exacte police, plus d'éclat et plus de majesté par des édifices somptueux ; punir sévèrement les vices scandaleux ; donner par son autorité et par son exemple du crédit à la piété et à la vertu ; protéger l'Église, ses ministres, ses droits, ses libertés, ménager ses peuples comme ses enfants ; être toujours occupé de la pensée de les soulager, de rendre les subsides légers, et tels qu'ils se lèvent sur les provinces sans les appauvrir ; de grands talents pour la guerre ; être vigilant, appliqué, laborieux ; avoir des armées nombreuses, les commander en personne ; être froid dans le péril, ne ménager sa vie que pour le bien de son État ; aimer le bien de son État et sa gloire plus que sa vie ; une puissance très absolue, qui ne laisse point d'occasion aux brigues, à l'intrigue et à la cabale ; qui ôte cette distance infinie qui est quelquefois entre les grands et les petits, qui les rapproche, et sous laquelle tous plient également.

Une étendue de connaissance qui fait que le prince voit tout par ses yeux, qu'il agit immédiatement et par lui-même, que ses généraux ne sont, quoique éloignés de lui, que ses lieutenants, et les ministres que ses ministres ; une profonde sagesse, qui sait déclarer la guerre, qui sait vaincre et user de la victoire ; qui sait faire la paix, qui sait la rompre ; qui sait quelquefois, et selon les divers intérêts, contraindre les ennemis à la recevoir ; qui donne des règles à une vaste ambition, et sait jusques où l'on doit conquérir ; au milieu d'ennemis couverts ou déclarés, se procurer le loisir des jeux, des fêtes, des spectacles ; cultiver les arts et les sciences ;

former et exécuter des projets d'édifices surprenants ; un génie enfin supérieur et puissant, qui se fait aimer et révérer des siens, craindre des étrangers ; qui fait d'une cour, et même de tout un royaume, comme une seule famille, unie parfaitement sous un même chef, dont l'union et la bonne intelligence est redoutable au reste du monde : ces admirables vertus me semblent refermées dans l'idée du souverain ; il est vrai qu'il est rare de les voir réunies dans un même sujet : il faut que trop de choses concourent à la fois, l'esprit, le cœur, les dehors, le tempérament ; et il me paraît qu'un monarque qui les rassemble toutes en sa personne est bien digne du nom de Grand.

-La politique, un art majeur-

Par Virginie Martin[17][18][19][20]

Gainsbourg considérait la variété comme un art mineur, ce qui pourrait, à mes yeux, être sacrément discuté. Notamment quand la chanson sait se faire politique.

Dans les moments contemporains, c'est Kery James et sa douleur, Biolay et ses partisans, Zazie et ses Adam & Yves,

---

[17] : Virginie Martin est politologue et sociologue, professeure chercheuse à Kedge Business School. Elle est coprésidente du conseil scientifique de la *Revue politique et parlementaire*. Elle a été créatrice et présidente du « Think tank different », laboratoire politique créé en 2012. Elle est par ailleurs auteure de plusieurs essais : *Ce monde qui nous échappe, pour un universalisme des différences* ; *Talents gâchés, le coût social et économique des discriminations liées à l'origine* (éditions de l'Aube, 2015); *Toulon la noire : le Front national au pouvoir* (Denoël, 1996).

[18] : Extrait de *Résistons ensemble, pour que renaissent des jours heureux*, 2020, avec l'aimable autorisation des éditions Massot :
https://massot.com/collections/resistons-ensemble-pour-que-renaissent-des-jours-heureux/

[19] : https://livre.fnac.com/a8080795/Virginie-Martin-Ce-monde-qui-nous-echappe

[20] : https://theconversation.com/debat-macron-et-les-gilets-jaunes-le-miroir-de-la-desintermediation-107635

Bashung et son pétrole, NTM et son fils… De l'art mineur ? Sûrement pas…

Pensée, ciselée, incarnée, la chanson de trois minutes pénètre, émeut, influence durablement.

Pensée, ciselée, incarnée, la politique nous imprègne à titre individuel et collectif. Elle est la plus haute des disciplines, auraient dit certains philosophes grecs. Un art majeur, c'est certain.

Pourtant, pourtant, la politique semble avoir perdu de sa capacité à faire ce pour quoi elle est faite : créer du commun au regard de la volonté générale. La politique semble être devenue un art mineur.

Comme si elle avait, au fil des récentes années, perdu son âme, comme si elle avait été abîmée, décharnée. À coups de marketing, de sondages, à coups de pied, elle est devenue un petit art, celui de la gestion des affaires courantes, celui de la gestion d'une communication, d'une mise en scène. Avant Debord, Ellul, en bon techno-sceptique, nous rappelait combien finalement, la politique n'est qu'une illusion, une mise en scène, et combien finalement, seule la recherche d'efficacité en était l'objectif.

Peut-être l'est-ce devenu plus que jamais. Peut-être sommes-nous même en train de toucher du doigt, non pas la fin de l'histoire, comme disent certains, mais la fin du politique.

Qu'est-ce que la politique, sans corpus idéologique revendiqué et assumé ?

Qu'est-ce que la politique, quand elle se dit « neutre » idéologiquement, et profère dans cette affirmation un mensonge, visiblement.

Qu'est-ce que la politique, posée sur une démocratie qui n'est convoquée qu'au moment des votes ?

Qu'est-ce que la politique, lorsqu'elle est flanquée d'élu·e·s dont les socles de légitimité sont des confettis, se réduisant comme peau de chagrin d'année en année ?

Qu'est-ce que la politique, quand un petit groupe capte tous les pouvoirs grâce aux jeux de l'argent et des réseaux ?

Qu'est-ce que la politique, quand l'État est vu comme une entreprise ?

Où est l'art majeur, auquel en France nous croyons encore ? Il a été minoré à la façon étasunienne ? Du spectacle, des histoires, du libéralisme plus ou moins fort, mais un libéralisme qui adore l'État, qui en joue et s'en sert. Du libéralisme, dosé parfois, rarement questionné. De la financiarisation, dosée parfois, jamais remise en cause. Tout cela mâtiné de tendances autoritaires, un libéralisme illibéral ? Sacré oxymore… Pourtant, ne sommes-nous pas en train de vivre au temps de ce stato-libéralisme ou d'un néo-libéralisme autoritaire.

C'est cela, la politique ? Ou c'est justement sa fin ?

Alors, oui, nécessairement, LE politique existe, mais il n'est pas certain que LA politique soit encore bien vivace, en tant que créatrice du bien commun au regard d'une volonté générale.

Je plaidais, dans le passé, pour un « universalisme des différences ». La politique, c'est certainement cela : de l'universel, du socle, du commun, du mieux-vivre, mais aussi de l'altérité, de la singularité, de l'autre. La politique est un art majeur, unir l'universel et la différence est certainement un de ses objectifs.

Le moment est précieux, les enjeux historiques ; il est vraiment temps de raconter une nouvelle histoire politique.

Il est temps que les mots creux soient chassés de l'agenda présidentiel et ministériel.

Il est vraiment temps de chanter autre chose… comme un petit air de *Bella Ciao*, qui résonne dans nos têtes…

-Le roi nu-

Par Antonino Melis[21]

22

En langue Masa, population à cheval entre Cameroun et Tchad, le terme *plotikka* a un sens hautement négatif : il signifie « tricher, feindre, affirmer le faux »…en somme, tout comportement de nature déloyale.

---

[21] : Prêtre-missionnaire de savane et linguiste depuis 35 ans chez les Masa du Cameroun et du Tchad.

[22] : Le *Mul mi damaara*, roi sacré des Gizey, assis sur sa natte face au soleil

Cela est naturellement dû au fait que les hommes politiques, dans les deux pays, ne visent, obnubilés par leurs intérêts propres, qu'à s'enrichir et à favoriser leur propre famille de toutes les façons possibles.

Toutefois, dans les cultures traditionnelles africaines, il existe des personnages qui sont au contraire, à mon sens, les illustrations d'une idée positive du fait politique.

Chez les Gizey, par exemple, population proche des Masa, au Cameroun, chez lesquels j'ai travaillé pendant dix ans, il existe un roi sacré. Ce personnage, après qu'on a pleuré sa mort, une fois qu'il a été choisi et consacré, doit laisser derrière lui sa famille et son village, et s'installer dans la hutte en paille qu'on lui a construite dans un espace qui n'est réservé qu'à lui seul.

Là, il doit passer tout son temps assis sur une natte, le visage tourné constamment vers le soleil. Ainsi, en absorbant l'énergie bienfaisante de la lumière du soleil, il transmet à sa terre, à sa population, aux champs et au bétail, le bien-être nécessaire pour qu'ils vivent, soient en bonne santé et se reproduisent. Pour sa part, il n'en retire aucun avantage, au contraire ! Séparé de sa famille, il ne peut plus avoir de rapports sexuels, il ne peut ni travailler ni voyager en dehors de sa terre. Il vit seul dans sa hutte, isolé du reste de la population. Seule concession : le jour du marché il s'y mêle pour quêter sa nourriture de la semaine. Il ne gouverne pas, ne s'impose pas par la force : son seul but est de vivre en bonne santé pour le bien de son peuple. Et quand il devient trop vieux ou malade, il est étouffé et enseveli en cachette par le clan qui l'a choisi. En effet, il ne peut plus, une fois affaibli, assurer le bien-être de sa terre et de son peuple.

Et il le sait.

Voilà ce qui s'approche le plus de l'idée que je me fais de la politique. La politique est service du bien commun. La politique demande sacrifice et négation de ses intérêts personnels en faveur de la communauté. C'est un engagement éthique de désintéressement ... si tel n'est pas le cas, elle devient en effet ce que les Masa nomment *plotikka*.

-Il re nudo-

Da Antonino Melis[23]

In lingua Masa, popolazione a cavallo tra il Camerun e il Ciad, il termine *plotikka* ha un senso altamente negativo: significa imbrogliare, fingere, affermare il falso… insomma tutto comportamento sleale e negativo. Questo

---

[23] : Missionario di savana e linguista, da 35 anni con i Masa, in Camerun e in Ciad.

naturalmente è dovuto al fatto che gli uomini politici, in entrambi i paesi, si comportano in modo tale, pensando soltanto ai propri interessi, a arricchirsi e a favorire la propria famiglia in tutti i sensi.

D'altra parte, nelle culture tradizionali africane, esistono delle figure che sono invece un esempio di quello che positivamente è per me la politica. La tribù dei Gizey nella quale pure ho lavorato per dieci anni, possiede un re sacro. Questo personaggio, dopo essere stato pianto come un morto, con la sua consacrazione deve lasciare la famiglia e il villaggio, e sistemarsi nella capanna di paglia che gli viene costruita nel posto riservato a lui solo. E qui deve passare il suo tempo, seduto sulla stuoia, con il volto sempre rivolto verso il sole. In questo modo, assorbendo l'energia benefica della luce, trasmette alla sua terra, alla popolazione, alla flora e alla fauna, il benessere necessario per vivere, star bene e riprodursi. Del resto lui non ha alcun vantaggio, anzi! Separato dalla famiglia, non può avere più rapporti sessuali, non può lavorare o viaggiare, vive solo nella sua capanna isolata dal resto della popolazione. Una dona in menopausa gli prepara il magro pasto quotidiano. Sola concessione, il giorno del mercato vi si reca per questuare il cibo necessario per la settimana. Non comanda, non impone con la forza, vive solo per il bene del popolo. E quando è troppo vecchio o malato, viene soffocato e seppellito di nascosto dallo stesso clan che l'ha scelto, in quanto il suo corpo divenuto debole non può più assicurare il benessere della sua terra e del suo popolo. E lo sa.

Questo a mio parere è quanto di più vicino esista alla concezione di politica che condivido. La politica è servizio per il bene comune. La politica richiede sacrificio e negazione dei propri interessi personali a favore della comunità. E' impegno etico e disinteressato. … altrimenti diventa quello che i Masa definiscono *plotikka*.

-Le politique, victime de la dérive de la politique ?-

Julien Perrin[24]

A l'heure où le débat sur le genre est au centre des préoccupations d'une grande partie de la gauche, empêtrée dans des lubies idéologiques qui ravagent les universités américaines, il faut rappeler ce qui distingue le politique de la politique.

Le politique est noble, car il est censé être l'affirmation de l'existence d'un « nous », au-delà de ce qui nous divise au quotidien : la religion, la famille, le régionalisme. Il se situe au-delà du genre ou des origines. Il représente un espace qui transcende ce qui nous divise. Il est supposé garantir qu'au-delà des divisions, nous sommes un.

La politique, c'est ce qui complexifie et court-circuite l'accomplissement du politique : elle est l'affaire des

---

[24] : Julien Perrin est professeur d'anglais dans un lycée des Côtes d'Armor.

stratégies partisanes, des tactiques individuelles, de l'art du clivage. Elle est le royaume du « je » et des égos. Le politique rassemble alors que la politique repose sur le postulat suivant : malgré tout ce qui nous unit, voici ce qui nous sépare et nous divise.

Le problème du politique, c'est que son incursion est souvent éphémère et qu'elle entraine rarement une réelle dynamique politique : on nous a vanté la France multiculturelle, black-blanc-beur, suite à la victoire de l'équipe de France en 1998. Quatre ans plus tard, le Front National venait faire trembler la République en se qualifiant pour le second tour de l'élection présidentielle.

Ailleurs, la nécessité du politique se rappelle à nous de manière funeste et violente : l'année 2015 avec son lot de drames humains n'aura cesser de nous donner l'impression que le politique allait reprendre ses droits. En vain. Le schéma reste toujours le même : passé le moment de l'unité nationale, des commémorations spectacles et des slogans, la politique reprend ses droits. Le scénario fut peu ou prou le même lors des premiers mois de la pandémie de Covid-19 . Tout le monde y allait de son introspection, chacun passait par sa crise existentielle, par la nécessité de penser le fameux monde d'après. Les médias s'esbaudirent de l'élan de solidarité envers les soignants, quand religieusement, les Français applaudirent les héros en première ligne de la guerre décrétée par notre Président. La métaphore guerrière comme unité nationale, choix hâtif et malheureux pour rassembler un peuple. Lors de la première sortie de confinement, lorsque ces derniers furent contenus par la police lors de manifestations pour réclamer plus de moyens et la reconnaissance de leur engagement, il n'y avait plus grand monde au balcon. Chacun était de retour à sa petite vie, les angoisses du confinement laissant place à l'oubli et au précieux temps perdu à être confronté à soi-même. Chacun revenait à ses préoccupations, à son individualisme.

L'individualisme, c'est la nouvelle gangrène du politique : oublier de penser le « nous » pour se replier sur le « je ». Certains penseront que l'argument est facile, mais le politique se recroqueville de plus en plus sur des revendications individualistes. La politique l'a bien compris. Lors des dernières grèves de la SNCF, Edouard Philippe l'avait clairement compris et assumé : « Je compte sur les égoïsmes pour décrédibiliser le mouvement ». La très controversée réforme des retraites à venir joue également sur cette division. Or si le politique n'est plus en mesure de se projeter dans un élan collectif en mettant constamment l'intérêt individuel au-dessus du collectif, il se dirige dans la même impasse que la politique.

Et la politique dans tout ça ? Elle s'enfonce dans les eaux troubles de la démagogie, de l'*homo politicus festivus,* du slogan républicain creux comme le concept de laïcité diffus, au rabais. La jeunesse, grand dommage collatéral de la crise sanitaire, ne méritait-elle pas mieux qu'un concours d'anecdotes orchestré par deux influenceurs creux ? Quelle vision et estime de celle-ci, inquiète pour son avenir, livrée à elle-même dans le capharnaüm du distanciel, ont nos politiques ? Cette tendance à l'hyper société du spectacle s'est encore confirmée le week-end dernier, lors d'un meeting de campagne quand Marlène Schiappa s'est livrée à un mauvais numéro d'animation de colonie de vacances. Cette même personne souhaitait que Cyril Hanouna, qui anime une émission plus proche d'un café du commerce que de l'Agora, arbitre le débat du second tour de l'élection présidentielle. Ce même animateur qui a souhaité l'anniversaire du président en direct pour faire jeune, pour faire cool. C'est ça, le fameux projet national braillé d'une voix de fausset ? Car au-delà de l'écran de fumée de la communication, la politique néolibérale menée par la majorité présidentielle continue son travail de sape des services publics, arc-boutée au principe du «il n'y a pas d'alternative». Reste à savoir si au-delà de ses divisions, le politique pourra se mobiliser et surtout se sortir de la tentation des individualismes et de la division. Pouvoir compter sur un pacte républicain en 2022 ne semble plus un acquis sur lequel nous pourrons compter.

-L'homme, cet animal politique-

Par Françoise Roubaudi[25]

De la politique de l'autruche au tout politique en passant par la politique fiction tant d'expressions toutes faites qui disent un long parcours de sens divergents, sens interdits, sens communs se croisant et se nouant ou demeurant parallèles mais nommant en fait tout autre chose que la politique. Mais qu'est-ce-que la politique ? Là est la question. La politique c'est un sac de nœuds, entendait-on au café du commerce quand il y avait encore des cafés alors qu'aujourd'hui il ne resterait que du commerce. Un sac de nœuds, de vipères et on entendait aussi cette phrase conclusive : « Tous pourris ! ».

---

[25] : Françoise Roubaudi est écrivain, linguiste, et spécialiste de théologie et d'Histoire des religions. Dernier roman paru : *Petite Masque* (roman) chez Encre Fraîche éditions.

Vraiment ? Ils exagéraient tous derrière leurs Ricard ou leurs ballons de vin blanc, à grands renforts de gestes et d'éructations. Mais ça, c'était avant.

Une litanie de « Ni » définirait l'homme politique d'aujourd'hui. Il n'est ni le Napoléon nouveau, ni le pote des banlieues, ni le bon papa protecteur. Le Napoléon agace le pote des banlieues qui agace le papa protecteur et inversement. Le Napoléon des banlieues, ça ne va pas non plus. Ça manque de cohérence et de crédibilité. D'images dignes d'être admirées.

Il ne devrait être ni l'homme du doute, ni celui de la philosophie abstraire ni le pragmatique à tous crins qui éviterait les guerres et enrichirait son pays au détriment du « droit au bonheur » de tous, cette nouvelle exigence. Il devrait être celui qui sauverait le monde sans être élitiste mais sincèrement proche de tous les soucis de chacun. Celui qui s'entretiendrait lors de réunions de haut vol, généralement en pays neutre, du bien-être de la planète, de la survie des animaux presque disparus, de l'accroissement de l'amour de la lecture chez les 7-77 an, de la montée d'un racisme systémique chez les chauves-souris, de la baisse de la taxe foncière, tout en gardant un œil vigilant sur le CAC40. Il est tout ça et plus, il est le guerrier financier cultureux qui aime les gens, tous les gens comme un bon père de famille. C'est du moins ce qu'il dit de lui-même.

Gérer le bien de la cité pour le bien de tous les hommes, cela a toujours été le but jamais dissimulé mais, au contraire, fièrement affiché, de la politique et de ceux (et celles, pardon) qui la font. Jusqu'à tuer et anéantir ce qui n'est pas raccord avec leurs idées du bien politique correct. L'idée du bien étant à géométrie et historique variables.

 Il serait tout ça, celui désigné par « l'élément de langage » ne trouvant son origine dans aucun café du commerce : « l'homme est un animal politique », subtil et fin oxymore. La politique ferait partie de son humanité. Ce qui le différencierait des animaux. Animaux pour le côté sauvage et violent. Mais l'homme politique organise sa défense en rédigeant des constitutions, qui stipuleront structures et fonctionnements, auxquelles il se réfèrera méthodiquement, théoriquement et pratiquement pour soutenir ses arguments, ses décisions et ses actes.

Après tant de « ni », négations, contradictions, il serait plus simple, pour définir la politique, de glisser sur la voie apophatique. Dire ce que la politique n'est pas : elle n'est pas une famille, une garderie, une religion. Elle n'est pas de l'art ni de la dentelle, ni du lard ni du cochon, encore moins de la littérature. Elle ne joue pas de musique. Elle ne prend pas appui sur les pas de Leonard de Vinci ni dans le regard de Cézanne, jour après jour, sur les pommes ou la montagne Sainte Victoire, attendant qu'elles s'expliquent sur le comment elles sont pommes ou montagne Sainte Victoire. L'homme politique est un homme d'action. La politique n'est pas une promenade de santé. Un sport ? Oui, peut-être. A cause de la compétition. Et des limites qui se repoussent et s'effondrent au fur et à mesure qu'on tente de les cerner. S'effondrent jusqu'à un certain point, quand même. Parce que la politique est modelée de matières humaine et spirituelle. De corps du texte et d'esprit des lois. D'amour candide et de pur machiavélisme. D'esprit de sérieux et d'aveuglement qui dure. De haine et de tactiques. D'intelligence et de bêtise à front de taureau. D'où l'intérêt des constitutions comme modes d'emplois clairement rédigés susceptibles de changer et s'adapter au fur et à mesure des besoins, pour résoudre les contradictions, affiner les tactiques, aviver les envies.

Un animal, je me doute de ce que c'est parce que je les observe quand ils me regardent m'agiter. Mais un animal politique, j'en suis moins sûre. Et en quoi cet état transitoire entre animal et politique serait-il caractéristique de l'homme ? Inutile d'observer les évènements actuels qui nous abreuvent, se répondent et se répandent, selon la communication qu'on veut bien nous en faire pour nous la vendre ; plutôt lorgner du côté d'anciens amis d'avant qui parlent encore et presque toujours juste : Rousseau, par exemple, ou Paul de Tarse.

Rousseau est-il un animal politique ? Paul de Tarse, ex Saül, nommé aussi Saint Paul, est-il un animal politique ? Si j'arrivais à démêler ce qu'il y a d'animal et de politique chez l'un et chez l'autre, je pourrais approcher la vérité de « politique » mais je m'emberlificote déjà dans mes propres croyances et lacunes historiques. Si j'en possédais moins, de l'une comme de l'autre, il m'apparaitrait très vite que Rousseau et Paul, débordent de toute dimension politique. Que l'un et l'autre sont des êtres porteurs d'une parole qui les dépasse, mis dans l'obligation qui les dépasse de transmettre ce qui les dépasse et de convaincre les autres de la véracité de cette chose qui les dépasse. Les autres qui n'ont qu'une envie : les tuer pour prendre leurs places ou les écouter pour être comme eux, quitte à les contrefaire.

Rousseau, dans « Du contrat social » énumère ses désirs et rêveries, à la manière du promeneur solitaire qu'il est : *« Si j'avais eu à choisir le lieu de ma naissance... »* Avec des « si » on fait tourner la terre à l'envers ; s'ensuit une longue liste de ce qu'il aurait rêvé : *« un pays où le souverain et le peuple aurait eu un seul et même intérêt, vivre et mourir libre, vivre dans une patrie détournée du féroce amour des conquêtes ».* Que de belles et bonnes choses.   Mais Rousseau est-il pour autant un homme politique ? Non et oui, il est un politique visionnaire poète, idéologue, rêveur, un homme des lumières d'avant, un philosophe d'avant le post moderne. Tout le monde ou presque va aimer ce qu'il énonce là, bien sûr. Même si ces rêveries enferment dans une insatisfaction obligatoire. Quoi de plus emprisonnant que les grands idéaux ? *« Toutes les utopies sont déprimantes,* écrivait Perec dans « Penser/Classer » *parce qu'elles ne laissent pas de place au hasard, à la différence, au divers »*

La politique, ce serait l'action qui s'éloignerait de la pensée utopique ? Le moment où ça s'arrête de penser pour faire ? Ou est-ce penser pour agir ? Ou faire et penser la différence et le divers ?

Mais pas seulement.

Les utopies récentes de lendemains qui chantent étaient un terrorisme intellectuel avant même l'application de leurs lois régentant la vie des autres, tous les autres, même ceux qui se seraient contentés d'un présent portant et respectant signes et significations du passé tout en se tournant vers l'avenir.

La politique serait la mise en acte d'idées du présent selon un projet qui garderait un œil sur le passé tout en prévoyant le futur ?

J'avance à l'aveugle. Et c'est alors que Saül, devenu Paul de Tarse, entre en scène. Analogie avec la cécité, oblige. Aveugle, il l'a été. Puis, convaincu de voir enfin la vérité avec un V majuscule, il a usé sa vie à convaincre les autres. Des voyages, des trajets, des discours. En veux-tu en voilà. Rhétorique parfaite. Art de convaincre. Habileté à manipuler les esprits et motiver les corps. S'adressant à chacun comme il convient que chacun puisse l'entendre. Avec amour et fermeté. Adaptant son discours. Habileté et courage hors nome.

Est-ce suffisant pour faire de lui un animal politique ? Il trichait un peu. Il était habité d'un esprit supérieur. Mais n'est-ce pas ce que prétendent tous les hommes politiques ? Je cherche ce qui ferait un début de synthèse (au pays de Descartes, on aime les synthèses pour en finir, sur une note de clarté, croit-on alors que nous savons que les synthèses ne finissent rien même s'il existe une possible clarté quelque part) entre le promeneur solitaire athée, ses belles rêveries de paradis terrestre et le marcheur infatigable chrétien orateur porteur de la Parole.

Jean-Jacques Rousseau et Paul de Tarse, l'un comme l'autre faisant table rase pour mieux imposer leurs points de vue, seraient-ils des dictateurs potentiels ? Nous aimons la démocratie parce qu'elle montre ses limites, limites qui sont les nôtres, à notre mesure, bien loin de Rousseau et de Paul. Rousseau et Paul sont la démesure dont plus personne ne veut même si on l'admire de très loin. Parce que ce qu'ils disent, c'est trop dur, comme disent les enfants quand on exige d'eux ce qu'ils croient ne pas être capables de faire. On préfère les bons papas qui maternent et font des promesses de noëls toute l'année. C'est pourtant avec des idéaux démesurés et magnifiques que l'humanité avance depuis toujours. Reste à savoir si l'application en actes de ces idées sont à leur hauteur pour sortir du ressentiment ressassé, de l'exigence infantile de protection de son pré carré auxquels répond l'histoire paternaliste d'une politique mondialisée dont on a pu constater la crédibilité lors de la pandémie qui ne s'achève toujours pas, dont hommes politiques, bavards intellos et gratin artistique français ne cessent de répéter qu'elle nous aurait laissés, selon eux, « dans un état de sidération ». (Tiens, comme Paul sur le chemin de Damas. Ou comme Rousseau découvrant par hasard la nudité !) Sidération : *« anéantissement soudain des forces vitales avec états de mort apparente »*. Vraiment ? Ils exagèrent. Pour mieux se polir l'hubris. Ce mot joli comme un bijou, conviendrait comme un gant de fer dans une main de velours ou le contraire, à certaines politiques de la dégradation généralisée ou presque de presque tout. Si l'hubris est une faiblesse de l'être la mieux partagée au monde, les hommes politiques sont des hommes comme les autres et non des saints laïques comme Rousseau ou chrétiens comme Paul. Et si le psittacisme est un des arts de vivre à la française, ce n'est pas le plus intéressant. A dire n'importe quoi, on finit par vivre n'importe comment.

Mieux vaut pointer le nez dehors et respirer sans masque, c'est le moment : toutes les roses ou presque sont en fleurs.

Le 14 juin 2021

-La construction quotidienne de la dimension politique-[26]

Par Claudio Santana[27]

"Precisamos construir canais de interlocução para
que nossas coletividades possam identificar a dimensão
social de sua própria cultura,
e apropriar-se dela como ato político."[28]

---

[26] : Titre original « A construção quotidiana da dimensão politica »

[27] : Claudio Santana, photographe, artiste plastique et essayiste brésilien,
est responsable de structures culturelles.

[28] : « Nous devons construire des canaux d'interlocution pour que nos
communautés puissent identifier la dimension sociale de leur propre
culture, et se l'approprier comme acte politique. »

-Qu'est-ce que la politique?-

Par Patrick Soulier[29]

Décriée, « *Mais c'est politique tout ça !* », la politique a mauvaise presse. La société civile est entrée en masse à l'Assemblée nationale est au gouvernement en 2017. Sûre de sa

---

[29] : Retraité œuvrant à sortir l'Humanité du néolithique

supériorité démocratique jusqu'à ignorer les contestations, supportant très bien la criminalisation des mouvements sociaux avec l'usage intensif des brigades anti-criminalité pour « sécuriser » les manifestations. La seule réponse du « peuple », le référendum d'initiative populaire (RIC).

Organisation et exercice du pouvoir dans une société organisée (Politikos), conforme à une constitution qui définit sa structure et son fonctionnement, elle porte sur les actions, l'équilibre et le développement interne ou externe de cette société (Politeia). Elle se définit aussi à la pratique du pouvoir, aux luttes pour l'accès au pouvoir et à sa gestion (Politikè). [Wikipédia]

Cessons donc de réduire la politique à la Politikè.

La société humaine est fracturée : 10% de la population détient 86% du patrimoine mondial et 50% rien. Entre ces deux groupes, 40% détient 14% du patrimoine mondial. Pour garder le terme marxiste, les classes sont très diversifiées :

- Les 10% connaissent des situations de richesse et de pouvoir très différentes, 1 % possède 46% du patrimoine mondial, il a un pouvoir total sur le cours des choses, avec une très grande solidarité pour maintenir le système, mais un grand individualisme pour alimenter sa propre fortune.

- Les 50% sont totalement soumis à leurs conditions de vie extrêmement dépendantes du climat et des catastrophes qu'ils subissent, de la tradition locale, de la religion, de la férocité de leurs maîtres, etc.

- Les 40% portent la démocratie là où elle vit et se répartissent à part égale entre conservateurs et progressistes, mais solidaires pour préserver leur mode de vie, même au prix de l'acceptation du capitalisme et de la domination d'une petite oligarchie.

Le périmètre mondial est hors de portée de la politique, les constitutions et l'organisation des pouvoirs est toujours nationale. La Révolution française dont est issue le pouvoir en France a eu une prétention universelle dont l'héritage doit être préservé aujourd'hui, non plus dans sa forme coloniale et prétendument civilisatrice qu'il a prise au 19ème et au début 20ème siècle, mais comme un mouvement de libération.

En matière de classes sociales, la situation en France est celle d'un pays riche qui n'a pas effacé les inégalités, mais bénéficie (encore) d'un État social efficacement protecteur. Les 50% les plus pauvres possèdent près de 5% du patrimoine français, les 10% les plus riches près de 50%. En limitant la classe supérieure à 1% de la population française (plus de 2 M€ de patrimoine et plus de 6 650 € de revenu par mois), on obtient une classe moyenne qui comprend 49% de la population.

Pour s'investir dans une politique ni conservatrice (à droite), ni simplement démocratique et, en dernier ressort, conservatrice (à gauche de gouvernement), nous devons montrer que l'émancipation de la grande masse des plus pauvres ne constitue pas un danger pour la partie de la classe moyenne la plus progressiste.

C'est ce que j'ai tenté d'initier en écrivant « éradiquer la pauvreté » inspiré par trois sources :

• les propositions de Bernard Friot - tout le PIB est distribué en salaires à tous les adultes à partir de l'âge de 18 ans jusqu'à la mort ;

• les repères revendicatifs de la CGT – les salaires rémunèrent la qualification en cinq niveaux séparés de 20% du précédent et l'expérience dans une carrière de 18 à 60 ans qui double le salaire initial ;

• la première décision du 17ème congrès de l'Ugict (2014) qui l'engage à travailler à la création d'un statut juridique de l'entreprise distinct de celui de la société d'actionnaires.

Le niveau du PIB de la France en 2019 permet de distribuer de 2 017 € à 6 977 € brut par mois à tous les Français de plus de 18 ans. Bien sûr chaque citoyen cotise sur ce salaire brut pour la santé de chacun (15%) et surtout assurer le financement des outils de production (un tiers). C'est un progrès pour 99% de la population.

-D'une transition ontologique-

Par Emmanuel Tugny[30] [31]

Vois-tu ma guérilla qui se rallie autour de son chef ? Explique-moi donc pourquoi les plus vieux et les plus fiers ont de la déférence pour moi qui suis si jeune ? Les cœurs s'épanouissent ; chacun raconte ses plaisirs et ses peines ; parfois je succombe à l'excès de ma compassion. Alors je déroule un meilleur avenir, et l'espérance se peint dans tous les yeux ; la liberté vous tend les bras.

---

[30] : Emmanuel Tugny, agrégé et docteur de l'université, écrivain, philosophe et musicien chrétien engagé à gauche, est né en 1968. Il a, depuis 1993, publié une soixantaine d'ouvrages et d'albums.

[31] : Spécialistes consultables sur le sujet : Henri-Pierre jeudy : henri-Pierre Jeudy : henri.pierre.jeudy@gmail.com et Virginie Martin : https://www.facebook.com/virginie.martin.9843499

> *Tous pour chacun, et chacun pour tous. Ces mots produisent un effet magique sur mes guerriers, ils les respectent comme la parole du Très-Haut. Ô Diotima, l'homme sans culture, mu par l'espérance qui déride son front et dilate son cœur, m'intéresse plus que les cieux et la terre dans toute leur gloire, dans toute leur majesté.*

Friedrich Hölderlin, *Hypérion ou l'Ermite de Grèce*, 1797-1799[32]

Dans un film ardent de 1957, *Un Homme dans la foule*[33], Elia Kazan met en scène l'irrésistible ascension d'un musicien voyou, Larry Rhodes, que sa rouerie guide des bas-fonds et de l'errance du hobo [34] vers la responsabilité publique du faiseur d'opinion.

Le topos du béjaune introduit en politique par l'exercice d'une vertu ou d'un talent de nature singulière, celui qui forme aussi le cœur de la réflexion de Frank Capra dans *Monsieur Smith au sénat*[35], dispose à penser la question du politique depuis un rapport singulier non pas tant à l'identité qu'à sa persistance dans le temps humain.

Définir le fait politique comme une administration concertée des affaires de la cité ne conduit peut-être au fond qu'à une impasse notionnelle.

---

[32] : Sur cette œuvre et la question politique, voir Lucien Calvié
https://journals.openedition.org/anabases/1274
[33] : https://www.vodkaster.com/films/un-homme-dans-la-foule/48643
[34] : https://fr.wikipedia.org/wiki/Hobo
[35] : https://www.youtube.com/watch?v=_g_0zKQPpKg

Il est exact que le champ politique consiste en celui de l'administration d'une circonscription collectivement admise, d'une transcendance des corps individuels en un corps collectif qui les engage. Mais l'examen des fins de cet engagement ne dit rien de l'engagement lui-même et de ce mouvement intime, de ce mouvement « *intus et in cute* »[36] qui conduit le sujet à s'assujettir à une dimension de soi dont le vertige est qu'elle est aussi celle d'autrui, au cœur d'un espace étrange où, par dilatation, la souveraineté se pose à la fois comme un exhaussement de l'individuel et comme un terme contractuel mis à son développement d'action et de pensée. Le politique, en effet, est cette dimension paradoxale, dont la fin est l'administration du bien commun et dont le progrès suppose à la fois un dépassement et le refus d'un dépassement, l'accès à une dimension supérieure du corps et de l'esprit et la contradiction portée à cet accès.

En un mot, la fin du politique détermine un écartèlement du sujet entre l'expansion au monde et cette servitude volontaire et contractuelle, cette vassalité[37] qui la refrène au profit de l'accomplissement de la promesse du Lévitique, de

---

[36] : « Intérieurement et sous la peau », voir Rousseau, *Confessions, 1782,* et Perse, *Satires,* III, v.30

[37] : https://www.cnrtl.fr/definition/vassalit%C3%A9

la promesse kantienne[38], de la garantie Hobbesienne[39] d'une concorde des efforts de l'être au règne de l'existence.

L'être politique est « *schizé* »[40]. En lui coexistent deux mouvements apparemment contraires : celui du dépassement et celui de la coercition[41].

Le corps politique est cet objet du monde où l'élan subjectal rencontre et le miroir qui révèle et la paume qui contraint[42]. Il est cette architecture de l'architecture par laquelle la construction physique du temple, du lieu et du bien communs, trouvent écho dans la communauté, dans l'*ecclesia*[43], dans l'*Oumma*[44] des corps subordonnés à l'élévation de leur révélation en l'autre et à l'expérience de la définition par l'autre des limites de l'objet révélé.

---

[38] :Sur ce sujet, lire Jacques Darriulat :
http://www.jdarriulat.net/Auteurs/Kant/Kantfondateur/KantFondateur4.html
[39] : Voir Thomas Hobbes, *Léviathan ou Matière, forme et puissance de l'État chrétien et civil*, 1651
[40] : https://www.cairn.info/l-automatisme-mental--9782749213941-page-107.htm
[41] : À ce sujet, voir Norbert Elias, *La Civilisation des mœurs*, 1939, Paris, Calmann-Lévy, 1994.
[42] : À ce sujet, voir Roberto Finelli
https://www.influxus.eu/article544.html
[43] : https://www.cnrtl.fr/definition/eccl%C3%A9sia
[44] : https://fr.wikipedia.org/wiki/Oumma

Le corps politique est une contrainte paradoxale du corps de l'étant qui le porte à se rencontrer dans l'interruption d'une rencontre[45].

Si la connaissance que le poète de Platon, l'artiste de Gadamer[46] ou le Larry Rhodes de Kazan ont d'eux-mêmes est le fruit de l'aliénation de leur corps en des objets et des situations erratiques du monde, si la formation de l'image individuelle, si la formulation de l'ombre de la présence, qui lui confère perspective au nombre d'or de la vie, est pour eux pure réverbération dans l'objet ou la situation produite, l'image du « promeneur politique »[47], également conçue dans l'écart d'un corps aliéné en objet ou en situation objectale « posés devant », a ceci de paradoxal qu'elle se révèle dans l'abnégation ou plus exactement, dans la confrontation du corps à deux voies corollaires et consubstantielles : la voie sublimante et la voie répressive.

Le voyage, la promenade politique, celle que Stendhal a si cruellement mise en scène dans son *Lucien Leuwen*[48], est ce dégagement du corps hors de soi, cet éclatement du corps

---

[45] : Voir, à propos de cette question des limites de « l'étendue subjectale », Emmanuel Lévinas, *Totalité et infini*, 1961.
[46] : https://www.persee.fr/doc/thlou_0080-2654_1977_num_8_1_1533_t1_0060_0000_3
[47] : De l'altération laïque du voyageur chérubinique de Silésius (voir Angelus Silésius, *Le Pèlerin chérubinique*, 1657)
[48] : https://www.franceculture.fr/oeuvre-lucien-leuwen-de-stendhal

dans le monde qui l'inféode à une révélation supérieure, c'est-à-dire qui l'inféode et le révèle « éminemment »[49].

Le pacte politique trouve en somme sa contradiction radicale dans la réplication au monde des gestes de l'élan ontique[50], dans la constance de l'être à se produire et à se reproduire dans l'*ipse*[51] de la production de soi qui l'éclaire comme un *devisement*[52], comme un organe de partition, comme un « beau *diabolos* »[53].

Le pacte politique ouvre à l'être cette dimension physique[54] et cet écho en tout où la production d'un devenir de conscience et d'action est un corps contre le corps et un « *corpus corporum* »[55], un « corps de tous les corps » qui éclaire la trajectoire du corps au monde dans sa dilatation collective. Faire politique, c'est, à proprement parler, se déplacer, faire translation[56], faire transition.

---

[49] : https://www.youtube.com/watch?v=6FILOSuGIsw

[50] : https://www.cnrtl.fr/definition/ontique

[51] : https://www.cairn.info/revue-le-philosophoire-2015-1-page-151.htm

[52] : https://fr.wiktionary.org/wiki/devisement

[53] : https://fr.wiktionary.org/wiki/diabolus

[54] : Cette « hétérotopie », au sens de Michel Foucault. Voir « Des espaces autres », 1967.

[55] : « un corps des corps » : Voir Marie-Eve Morin : https://era.library.ualberta.ca/items/7b13f617-dffb-45db-81f6-dcc28531a172

[56] : https://www.cnrtl.fr/definition/TRANslation

Le politique est cette manière de « transition ontologique » où le sujet se fait ou devient objet ou situation de conscience par la confrontation à ses effets sur un autrui qui, s'il n'est aucunement contraint par la physique (le temple est le temple toujours et partout, la régime est avant tout un « esprit » du régime [57]), contraint bel et bien comme physique, puisqu'il châtie la contravention à l'entendement de l'équivalence de l'élan d'autrui, en vertu d'une pensée sans forme de la souveraineté, mieux : en vertu d'un esprit de souveraineté, celui, par exemple, que dessinent, en plein ou en creux, les pensées de Jean Bodin[58] ou de Proudhon[59].

La politique est un écart, un déplacement, un processus, c'est à dire un temps passé, un devenir, où la dilution, l'éclatement du sujet en une mêmeté[60], rapporte à soi son identité comme solitude ou comme viduité[61].

Ce n'est pas que la politique conduise à l'évitement d'une solitude, au châtiment d'un solipsisme [62]. Loin de contraindre le sujet au refoulement de son ipséité[63], loin de

---

[57] : A ce sujet, voir Max Weber, *Le Savant et le politique*, 1919
[58] : Voir Jean Bodin, *Les Six Livres de la République*, 1576

[59] : Voir par exemple *De la création de l'Ordre dans l'Humanité*, 1843

[60] : https://fr.wiktionary.org/wiki/m%C3%AAmet%C3%A9
[61] : https://www.cnrtl.fr/definition/viduit%C3%A9
[62] : https://www.cnrtl.fr/definition/solipsisme
[63] : https://fr.wiktionary.org/wiki/ips%C3%A9it%C3%A9

faire péché du souvenir de la nécessité particulière, la politique, en concevant le lieu et l'esprit d'un déplacement, d'une translation, d'une transition, d'un éclatement de l'être sans ombre, de l'être sans objet de soi, porte à la conscience l'objet de son élan singulier[64].

La transition ontologique, le déplacement de dimension à dimension, que figure, comme une métonymie[65] pratique, la fabrique de l'institution matérielle ou non (la maison commune, les tables de la loi) est tout au contraire ce par quoi la solitude, la viduité, le célibat de l'entreprise singulière, se pose face au sujet comme une voie en puissance.

Car si la politique dilate le sujet en une dimension transcendante, car si elle fait procéder cette dilatation d'une coercition, elle désigne, comme le parcours d'Œdipe[66], une voie moyenne entre la bête et l'ange, entre le monstre et son dieu : la voie moyenne de la persévérance en soi de l'aspiration anomique[67] du vivant à se connaître comme tel dans le galop aveugle de la « responsabilité limitée ».

---

[64] : « *Le monde possède déjà le rêve d'un temps dont il doit maintenant posséder la conscience pour le vivre réellement.* » Guy Debord, *La Société du spectacle*, 1967, VI, 164.

[65] : https://www.cnrtl.fr/definition/m%C3%A9tonymie
[66] : Voir Jean-Pierre Vernant et Pierre Vidal-Naquet, *Œdipe et ses mythes*, Paris, Editions complexe, 1967 https://www.persee.fr/doc/raipr_0033-9075_1967_num_4_1_1194
[67] : https://www.cnrtl.fr/definition/anomique

C'est la surhumaine exigence de la persistance dans le temps humain d'un esprit du sujet qu'annonce le déplacement du mouvement et de la réalisation politique.

Car si l'*ipse* et l'*idem* de Paul Ricoeur[68] s'opposent ou entrent en émulation dans une pensée de la persistance du sujet qui tient pour acquise la proposition politique, l'engagement contractuel d'un corps à rencontrer sublimation, forme et tenue, qui tient pour acquise l'objection politique à l'émanation énergique de l'être au travail sur son objet, ils ne peuvent se concevoir contradictoirement qu'en tant qu'ils ne forment en l'être aucune contradiction sans le politique.

La constance aveugle du sujet en quête de ses formes et en proie à ses objets, la constance aveugle du sujet déterminé par ses effets mêmes, ne saurait entrer en dialogue avec cette persistance de l'identité « en réponse », de l'identité formée depuis la convention passée avec le même contraint par la limite des corps, que dans la formulation préalable du corps politique[69].

En d'autres termes, c'est une téléologie de l'accomplissement politique, de l'entrée en dimension et en esprit politique, qui autorise l'articulation, le dialogue, de

---

[68] : Voir Paul Ricoeur, *Soi-même comme un autre*, Paris, Éditions du Seuil, 1990.
[69] : Sur cette question et sur un autre plan, voir Bernard Perret : https://www.cairn.info/revue-projet-2002-1-page-104.htm

l'élan vital[70] transposé en formes sans pensée et de l'élan de subordination au pacte passé avec autrui et avec soi comme autrui.

Le salut de la conscience du sujet tient donc tout entier dans la prémisse « ecclésiale », politique, dans le préalable posé d'une voie sur laquelle l'identité est en quelque façon condamnée à se souvenir de soi par le déport ou par le reflet de l'autre corps.

Des jalons de corps à la fois individués et mêmes font en quelque sorte, préalablement à la marche de l'identité, bornes et fanaux sur le chemin de celui qui, pouvant voir et trouver, peut en liberté ne pas voir et ne pas trouver.

Et l'être moral est « l'en puissance »[71] de ce chemin qui « peut ne pas », ou qui peut « préférer ne pas », comme le Bartleby de Melville[72].

En somme, si la politique est une transition ontologique, une dissolution de l'être dans une dimension objectale reflétée, sans cesse reportée, quand bien même elle « se pose là »,

---

[70] : http://www.implications-philosophiques.org/ethique-et-politique/implications-axiologiques/nietzsche-et-bergson-deux-philosophies-de-la-vie/

[71] : https://fr.wiktionary.org/wiki/en_puissance

[72] : Voir Herman Melville, *Bartleby le scribe (Bartleby, the Scrivener: A Story of Wall Street)*, 1853. On lira avec intérêt, s'agissant du refus de la participation aux affaires communes du monde, *L'Homme difficile*, d'Hugo von Hofmannsthal, œuvre de 1921 (Éditions Verdier, 1992 puis 1996.)

cette transition ne se désigne comme nécessité qu'en tant qu'elle prédispose à un choix de nécessité. Elle n'est rendue nécessaire que par cet engagement à l'exhaussement et à la contrainte dont elle est à la fois le premier principe, l'œuvre et la preuve.

C'est en quelque sorte s'engendrer outre l'identité que faire politique mais cet engendrement, ce baptême, qui laisse entendre que la dimension politique est une conquête de l'identité, en souligne la dimension matricielle.

Le politique est sans doute autant le premier principe de la conception de l'identité comme convention que son effet au monde.

Ainsi, la répercussion pure du corps du sujet dans le monde est-elle une solitude au carré, car elle repose sur l'assomption d'un néant matriciel et d'un néant de la connaissance de ses effets terminaux.

Le corps au travail dans le monde, c'est-à-dire le corps qui s'en arrache comme forme, ne saurait se penser que comme un corps orphelin de principe et de fins, qui ne ferait pas de sa résolution le fruit d'une volonté écartant dans le même temps la souveraineté de la confrontation sans limite au même et celle de la coercition exercée par la limite du même.

La volonté d'être seul, en un mot, n'est volonté, ou n'est objet de volonté, qu'en tant que résistance, qu'en tant qu'arrachement à cette dimension matricielle et finale du politique qui fait à la fois l'objet du refus et la nourriture de sa persistance comme geste.

Cette « principauté de la souveraineté », en matière de conception d'une constance de l'être pour soi, qui fonde le romantisme originel[73] comme courage et comme désespoir, rend compte à soi seul de l'émergence de la solitude jalouse du sujet comme hypothèse d'une trajectoire.

Ainsi le corps politique est-il, comme matrice et comme fin, comme apparition et comme gain, la condition d'une double liberté : liberté du dépassement en l'autrui comme mêmeté, liberté du dépassement en l'autrui comme étrangeté[74].

Ainsi le corps politique fonde-t-il l'expérience du monde et de l'autre comme « volonté d'être »[75].

Ainsi le corps politique, en ses matérialités institutionnelle, juridique et administrative et en leur esprit, fonde-t-il la liberté comme produit de conscience.

---

[73] *« C'est donc le noyau de tout romantisme politique : l'État est une œuvre d'art, l'État de la réalité politico-historique n'est que l'occasion pour le sujet romantique d'alimenter la production d'œuvre d'art, un prétexte pour la poésie ou le roman ou tout simplement pour une pure émotion romantique. »*, écrit Carl Schmitt dans son *Romantisme politique* de 1919.

[74] : Voir Friedrich Wilhelm Joseph (von) Schelling, *Recherches philosophiques sur l'essence de la liberté humaine*, 1809

[75] : Voir Arthur Schopenhauer, *Le Monde comme volonté et comme représentation*, 1819 et
https://www.schopenhauer.fr/philosophie/volonte.html

Le champ politique, en quelque sorte, instruit son diable, instruit son contradicteur en le disposant à cette conscience du refus, à cette affirmation de la volonté d'arrachement qui, non seulement, le pose comme objet distinct de ce qu'il n'est pas mais encore le convoque à faire prévaloir sa propre capacité à fonder institution, droit, administration, morale. Depuis le politique, le refus de se dissoudre dans la communauté des corps et d'en recevoir des prescriptions forme objet[76].

C'est ainsi que le devenir solipsiste, celui du poète, celui du monstre et celui du dieu de colère, du dieu libéré des entraves de sa reconception en raison commune, ne saurait guère se concevoir que comme l'équivalent en vitalité, en

---

[76] : « La rancune de la société à l'endroit de celui qui ne la conteste même pas mais qui préfère doucement, en silence, à pas de souris, gagner la périphérie et trouver son abri et sa joie dans la solitude d'une grotte, ou de n'importe quel autre fourreau de pierres solitaire, apparaît dès les premiers textes qui furent écrits. Cette haine implacable à l'encontre du solitaire se retrouve dans tous les mythes que j'ai lus, sans que j'aie trouvé d'exception à ce discrédit. Un mythe désigne le récit qu'une société se donne. Toute société déteste qu'on lui préfère la liberté. Si la société bénit le sacrifice (le sacrifice de l'individu au profit de la masse) elle blâme la désertion (la soustraction de la partie au tout). Dans un cas comme dans l'autre elle protège son fonctionnement. La société est suicidophobe. La société est théophile. Elle feint même d'être philanthrope. La société humaine ne veut pas être abandonnée des hommes qu'elle hiérarchise dans son étrange ruche appelée foire, ou appelée port, ou appelée château, ou appelée cité, ou appelée royaume, ou appelée État. Il y a bien pire que l'athéisme au regard de la société. La société supporte qu'on ne croie pas en Dieu. Elle ne supporte pas ceux qui ne croient pas en elle. », écrit Pascal Quignard dans sa *Critique du jugement* (Galilée, 2015).

puissance d'émergence, de l'objet politique qu'il refuse en conscience, c'est-à-dire qu'il refuse comme objet de conscience.

Si la politique est la matrice d'une pensée de l'identité, elle l'est aussi dans l'engendrement de ses enfants prodigues.

Être seul, être le même, être l'inaltération, objectivée dans le monde, d'un élan singulier, c'est sans doute pour le sujet, se réengendrer depuis un baptême du refus du politique.

Car que serait comme objet une identité persistant en soi sans la proposition originelle faite à cette identité de se refuser ou de se concéder ?

Que serait un temps de l'être au travail sur le temps et que serait un salut de l'être au travail sur le temps, sans réponse préalable à la question de la souveraineté ou, plus exactement, de la dimension, de l'assiette de souveraineté ?

La primauté du sujet sur le droit, du désir sur la borne du corps, de l'imaginaire baudelairien[77] sur le possible, qu'en dirait-on, en l'absence d'une discordance énergique entre la proposition politique et le refus du sujet qu'elle engendre comme force ou comme équivalence en force ?

L'on n'en dirait rien que le langage pût traduire puisque le langage lui-même est le mouvement principiel déterminant

---

[77] : « *L'imagination est la reine du vrai, et le possible est une des provinces du vrai.* » écrit Baudelaire en 1868 dans ses *Curiosités esthétiques*.

un choix qui, comme le politique, tisse une architecture de voile sur la matière indivise du monde pour en faire l'exhaussement et la terminaison des choses, ou l'expérience séminale d'un asservissement à ce mouvement.

L'on ne dirait rien de l'élan célibataire du sujet au monde si le langage, si le dit, n'était pas lui-même engendré par un choix tonique et désespéré : celui de faire langue hors de soi ou de faire langue en soi, celui de faire primer la matière commune du langage ou celui de « donner un sens plus pur aux mots de la tribu » [78] , c'est à dire d'œuvrer à l'approximation de l'expérience et de l'expression.

Et qu'est-ce que cette « perception des choses », cette « vision du monde » dont le sujet conscient excipe pour se refuser à la nébulosité, à l'indivision du corps des corps ?

Qu'est-ce que cette pensée, qu'est-ce que cette expérience, qu'est-ce que cette expérience de pensée, si elle n'émane pas du départ entre une dépendance qui sublime, une coercition qui éclaire et ce refoulement sensible qui tire modèle de leur fermeté de principe pour formuler, en plein, leur vacance ?

Tout n'est pas politique si l'on entend que tout geste produit par l'être au temps l'engage dans cette transition dimensionnelle dont procède le geste politique, mais tout se

---

[78] : Voir Mallarmé, « le Tombeau D'Edgard Poe », 1876

fonde bien en politique si l'on entend que le refus de faire transition hors de « l'écoumène »[79] du sujet ne peut se formuler que comme une résistance à la transition.

Et si le corps du Larry Rhodes de Kazan exemplifie la fin du politique, c'est bien en cela que la confusion de la souveraineté négative de l'élan subjectal [80] et de la souveraineté positive de l'élan politique prive d'un choix qui, s'il ne condamne pas le politique à ne pas être, lui interdit de fonctionner à plein comme le déterminant d'une conscience de soi.

En effet, la confusion des deux souverainetés, celle de l'élan, du *conatus*[81] singulier et celle de l'élévation et de la coercition représentative[82], fait justice de ce dialogue des dimensions de l'expansion au monde du temps de l'être, de ce dialogue qui est la condition de son émergence comme objet.

Or, si le corps singulier vaut politique, il peine à se déterminer comme objet, c'est-à-dire à se penser comme produit d'un choix, d'une partition éthique.

---

[79] : https://www.cnrtl.fr/definition/oekoum%C3%A8ne
[80] : https://www.cairn.info/le-sujet-dans-la-psychanalyse-aujourd-hui--9782130736462-page-223.htm
[81] : https://fr.wikipedia.org/wiki/Conatus
[82] : Où « je est un autre », comme l'écrit Rimbaud à Paul Demeny le 15 mai 1871.

Et qu'est-ce que la tyrannie, sinon l'inhibition imposée à des corps rendus inaptes à se concevoir comme objets, depuis un choix, réverbéré dans le temps, entre la souveraineté de soi et la souveraineté concédée aux miroitements du corps collectif ?

Si la tyrannie est la fin posée du politique[83], c'est que, fondant en une souveraineté dogmatique le corps singulier, l'élan solipsiste du sujet vers soi et le corps des corps[84], elle contraint le sujet à l'élan impensé (adulation, colère) que suppose l'anéantissement du choix de conscience.

Elle le contraint donc à être son objet « inobjectivé », à ne se poser devant soi que comme le double patient d'une souveraineté transcendante et d'une souveraineté intime : en un mot, elle le contraint à la sujétion radicale de celui qui, prisonnier de son dehors, l'est aussi de son dedans.

Les fautes égales du démagogue et du libéral radicaux, leur égale tyrannie, consistent donc ainsi dans la mise en péril d'un pacte d'engendrement éthique qui repose sur la dissociation, entretenue par la sensibilité, « sise en le cœur »,

---

[83] : « Il n'y a point de patrie dans le despotique ; d'autres choses y suppléent : l'intérêt, la gloire, le service du prince. », La Bruyère, *Les Caractères*, « *Du Souverain ou de la République* », IV.
[84] : Pour aborder cet aspect, on lira ou relira, on verra ou reverra *Le Roi se meurt* d'Ionesco (1962) :
https://www.youtube.com/watch?v=XGtml1PYYUk

de deux dimensions égales, au regard de son aspiration à persévérer, de cette persévérance.

Que l'élan de persistance au monde se voie contraint dans sa latitude à former objet par l'absence de confrontation à la variété des dimensions possibles de son affirmation libre et il est condamné au silence de l'enfance ou au raptus[85] du corps captif.

Au reste, la trajectoire de Larry Rhodes témoigne au plus haut degré de pathétique de cette incapacité de l'élan du poète, de l'élan du corps singulier, à produire autre chose pour soi et pour autrui, au champ politique, que la double passion anthropophage de l'inhibition de la pensée publique et de l'exténuation du corps souverain « de soi comme de l'univers »[86].

La tragédie politique, c'est aussi la leçon de Corneille, c'est le renoncement du politique à se poser en dimension contre la dimension, en recours de dimension, en espace de l'opportunité à être, dans l'admission de la dissolution ou dans son refus, « quelque chose dans le temps ».

La détermination du cœur à former un objet de l'être dans le devenir doit tout au choix de souveraineté que suppose à la fois la principauté du politique et le signalement, par cette

---

[85] : https://www.cnrtl.fr/definition/raptus
[86] Voir *Cinna* de Pierre Corneille, 1642

principauté, de la fermeté de l'autorité de ses vacances morales.

C'est par exemple la fermeté politique de l'Auguste de Cinna[87] et c'est la fermeté de la dérogation clémente à sa souveraineté politique, c'est cette double fermeté, celle du plein politique, celle de la vacance, du creux autocratique, qui conduisent de façon conjointe les humanités portées sur la scène à se poser telles, à persister comme objets ou comme effets humains dans le temps.

On formulera ici cette hypothèse que la politique, outre qu'elle est la promesse d'une transition, d'une traversée, d'une translation, d'une transsubstantiation [88] ou d'un changement de corps qui créent, qui « ajoutent », qui font auteurs[89], est aussi celle de l'opportunité d'un arrachement déterminé et galvanisé à ces mouvements, au profit de la promesse d'un autre ministère auctorial[90]: celui de faire du corps, comme le suggérait Artaud, le sujet de soi seul[91].

Or, que dit du politique l'époque que nous vivons ?

---

[87] : Id., et https://www.cairn.info/revue-d-histoire-litteraire-de-la-france-2002-3-page-443.htm

[88] : https://www.cnrtl.fr/definition/transsubstantiation/substantif/0

[89] : http://lettres.tice.ac-orleans-tours.fr/php5/coin_eleve/etymon/etymonlettres/diverslettres/auteur.htm

[90] : http://fr.gdict.org/definition.php?mot=auctorial

[91] : Voir Antonin Artaud, *Le Théâtre et son double*, 1938

Que dit-elle du politique qui n'ait pas été dit par la contiguïté des devenirs saisis par le récit historique ?

Elle ne dit sans doute rien de neuf, mais elle le dit depuis une cité dont les confins repoussés convoquent à une réflexion sur la nature nouvelle de la dimension d'exhaussement proposée à la solitude de l'être.

Que demeure-il de la république ou de la souveraineté de Jean Bodin ou de Jean-Jacques Rousseau, quand l'exemple de la communauté des hommes ne peut plus guère être donnée qu'à elle-même, dès lors que l'extraction pensable de cette communauté est mise en péril par la concaténation nécessaire des destins qu'appelle, par exemple, la difficulté de préservation de l'intime et, symétriquement, de l'indépendance sourcilleuse du « réel ».

Nul point de fuite intérieur, nul point de fuite de nature : il semble que tout soit désormais à tous, de sorte que la fin du politique puisse s'envisager, si le politique est bien cette dimension distincte dont la bonne nouvelle de la plénitude hospitalière est à la fois la bonne nouvelle de son évitement possible.

Où fuir la commune dimension ? Et partant, comment en dire qu'elle est encore « quelque chose » ?

On le voit bien, la première échappatoire est celle qui consiste à prendre acte benoîtement de la disparition de la cité, de cette aire d'assomption, de cet espace hospitalier qui fonde la promesse de Saint-Augustin[92] (en cela qu'il réplique une plus haute dissolution dans l'infini et l'éternel de l'autrui) en faisant de ce qui est une absence de choix de conscience, le développement du continuum singulier, l'expansion de la solitude en elle-même, le remède à la disparition des contours de la *Polis*.

Où une dimension est sans bornes, où le « *pagus*[93] » ou le « *terme* » antique[94] ne s'y objectent plus en fermetés, elle n'est plus une dimension, et s'y mouvoir n'engage pas le choix moral qui procède du constat sensible ou rationnel d'une discontinuité des dimensions.

Alors, le cheminement aveugle de soi vers soi, la promenade vers soi, se pose comme la dimension triomphante du devenir et même comme une conclusion de la narration historique[95] ; elle peut à bon droit s'imposer au sujet comme la *via unica* de l'affirmation persistante de son identité. L'*ipse* de Ricoeur, c'est alors l'engagement pris par le sujet de se placer en situation d'unique contractant d'un pacte avec soi-

---

[92] : Sain-Augustin, *La Cité de Dieu*, XI, 5 : « Il ne faut pas plus se figurer des temps infinis avant le monde que les lieux infinis au-delà du monde »

[93] : https://fr.wikipedia.org/wiki/Pagus

[94] : Voir Numa Denis *Fustel de Coulanges, La Cité antique, 1864*

[95] : Voir Francis Fukuyama, *La Fin de l'histoire et le Dernier Homme, 1992*

même que le hasard ou une sorte de « *clinamen* »[96] peut conduire à voisiner celui d'autrui comme recours ou facteur d'une cité sans circonscription.

Et certes, le report labile des marges du politique et du social, caractéristiques d'une postmodernité politique qui n'entend pas faire fond sur les partitions anciennes du monde et du temps pour les penser, conduit le politique et le social à s'essayer à la substitution au politique et au social d'une « progression en soi-même », d'une stratégie personnelle du devenir, dont l'émulation serait le ferment de la reconstitution « agile » de la cité[97].

C'est alors penser la forme d'une dimension comme le résultat hasardeux de son refoulement.

C'est penser la politique comme le résultat d'un pari qui n'engage de l'être que l'affirmation de son élan primal à être dans le temps et qui produit de façon naturelle ce délitement de la conception de soi qui appelle, précisément, une conception formée devant le choix.

---

[96] : Lucrèce, *De Rerum natura*, II : « *Voici encore, en cette matière, ce que je veux te faire connaître. Les atomes descendent en ligne droite dans le vide, entraînés par leur pesanteur. Mais il leur arrive, on ne saurait dire où ni quand, de s'écarter un peu de la verticale, si peu qu'à peine on peut parler de déclinaison. Sans cet écart ils ne cesseraient de tomber à travers le vide immense, comme des gouttes de pluie ; il n'y aurait point lieu à rencontres, à chocs, et jamais la nature n'aurait rien pu créer.* »
[97] : Voir à ce sujet Jürgen Habermas, *L'Espace public*, 1962

Alors l'élan fait chemin depuis soi et pour soi, tombe comme l'atome de Lucrèce, espérant en un *clinamen* depuis quoi, par une sorte de « chance », les énergies engagées fassent corps, fermeté, solidarité de cité.

Or, l'élan du devenir singulier de l'être est aussi celui de sa maladie morale, de sa mélancolie, de sa colère, de son dépit ou de son adulation : la souveraineté de la solitude, la souveraineté du non-choix, la souveraineté de l'élan solipsiste, c'est aussi celui de l'opprimé, du quérulent, de celui pour qui, en vertu de raisons ancrées dans les obscurités du récit de l'être, l'affirmation de soi dans le temps de vivre fait du temps de vivre une passion, un chemin de croix, une vassalité sans recours.

Si le temps est le lieu unidimensionnel de l'affirmation de soi, s'il est une dimension unique, une histoire achevée où le politique, c'est la rencontre inopinée des énergies, alors l'énergie de l'énergique est aussi la passion, elle est la croix de la faiblesse, de l'abandon, de ce « ressort cassé » oblomovien[98], du « suicidé de la société » d'Artaud[99] : elle est la dimension unique de la tyrannie qui ramène à eux-mêmes des corps juges et parties, moyens et fins de leur devenir.

---

[98] : Voir Ivan Gontcharov, *Oblomov*, 1859, et sa version cinématographique par Nikita Mikhalkov de 1979 https://www.youtube.com/watch?v=sgmy6Ke_xQY
[99] : Voir Antonin Artaud, *Van Gogh le suicidé de la société*, 1947

Celui qui entend « devenir soi-même »[100], celui qui est, à soi et en soi seul, sa destination et son pacte de persistance, peut à bon droit exciper aujourd'hui de la dissolution de la cité pour affranchir l'énergie de son élan de ce qui n'est plus un objet et faire de l'absence d'un geste une conduite.

Cela suppose, pour faire salut, que le pas soit sûr de soi, cela suppose que le pas ait « ses aises »[101].

La liberté d'être et de devenir ce que l'on est présuppose une *virtù*[102], une force qui certes, peut entraîner mais peut aussi non pas « laisser sur le bord du chemin » mais engendrer son équivalent frustré, désespéré, colérique, du côté de celui pour qui la solitude est un empêchement d'être et de devenir.

Et ce dernier, comment ne serait-il pas porté à ce mouvement de reconstitution vicieux d'une cité depuis la solidarité des mêmes, la solidarité des faibles qui fondent sur l'identité des colères singulières, sur leur fraternité négative, une forme de singularité collective régressive qui n'est rien moins que politique dès lors qu'elle subordonne le politique à la souveraineté d'un même collectif, d'une tribu[103] où le

---

[100] : https://www.lesinrocks.com/2016/10/16/idees/idees/philosophie-cache-formule-deviens-es/

[101] : https://fr.wiktionary.org/wiki/aise

[102] : https://fr.wikipedia.org/wiki/Virt%C3%B9

[103] : Ou d'un lobby, d'une corporation, par exemple.

moi, loin de se dissoudre en autrui, ne reconnaît en l'autrui que sa disposition à être le même[104], ne reconnaît en l'autre qu'un recours d'énergie pour la persévérance du même ?

Libéral ou tribal, « mondialiste » ou campaniliste[105], le sujet politique postmoderne[106] fait de la nécessité d'être seul la vertu d'un engagement au monde qui refoule la cité et son administration par les miroitements et les termes d'une communauté des hommes.

Pourtant, si la politique est une dimension où le monde des solitudes dogmatiques se fait monde des compositions dialectiques, elle est sans borne autre qu'en la pensée. C'est-à-dire quelle est un esprit que rien ne contraint à n'être qu'une circonférence[107], autrefois présente, aujourd'hui plus absente, un esprit que tout appelle au contraire à être un être partout, une présence en toute chose du monde.

L'esprit du politique n'est en quelque sorte pas limité à l'illimité et chaque geste du monde, chaque espace et chaque instant de production d'un geste, d'un objet et d'une situation peut être politique s'il fait, depuis l'esprit politique, depuis la dimension politique, depuis le choix d'une

---

104 : Voir à sujet Michel Maffesoli, *Le Temps des tribus*, Paris, Méridiens-Klincksieck, 1988.

105 : http://geoconfluences.ens-lyon.fr/glossaire/campanilisme

106 : Voir Jean-François Lyotard, *La Condition postmoderne. Rapport sur le savoir*, 1979

107 : Voir Pascal, *Pensées*, II, 73.

nécessité de faire « communauté des autrui », de chaque partition du monde, le lieu de la certitude d'un exhaussement et d'une limite de l'élan de la solitude du sujet.

Et plus la circonférence du politique est absente, plus nécessaire est sa résurgence comme centre.

Car ce qu'est « au juste », le politique, c'est l'esprit d'une bonne nouvelle[108], c'est la bonne nouvelle de l'existence, préalable au devenir, d'une dimension, c'est une dimension préalable de la condition humaine qui la prédispose à un choix, c'est le choix même de la prospérité en l'autrui comme élucidation et limite de soi, c'est la limite de soi faite objet qui désigne le seuil et le linteau d'une élévation en l'universel.

La politique, comme l'écriture telle que la conçoit Mallarmé[109], est une « très ancienne et très vague mais jalouse pratique dont gît le sens au mystère du cœur », elle est une aspiration ontologique avant que d'être l'administration des choses du monde où s'inscrit le devenir, elle est le préalable d'une dimension de l'être devant quoi

---

[108] : On emprunte ici à la pensée de Montesquieu et de Max Weber cette idée de « l'esprit » des formes collectives de présence au monde.
[109] *"Sait-on ce que c'est qu'écrire ? Une ancienne et très vague mais jalouse pratique, dont gît le sens au mystère du cœur. Qui l'accomplit, intégralement, se retranche."*, écrit le poète à l'occasion d'une conférence sur Villiers de L'Isle-Adam en février 1890.

l'être se dispose au choix d'admettre ou de refuser que son élucidation soit le produit syncrétique[110] d'un esprit, partout présent et sans limite pensable, de la communauté sévère et prospère des identités dans le temps.

« Quel est donc ton tourment ? », demande Simone Weil à Joë Bousquet dans une lettre de 1942[111] : elle aurait pu poser la question au Larry Rhodes d'Elia Kazan, à ce corps livré à soi qui vient déchirer, au-delà des conventions, le pacte politique lui-même.

Quel est donc le tourment du corps de Larry Rhodes, quel est le tourment du corps triomphant condamné, comme celui d'Œdipe, à l'emprisonnement en soi par la disparition devant lui de la dimension politique ? En quoi ce tourment concourt-il à une définition juste de la dimension évacuée ? Il y concourt en cela que, symptôme d'une dévastation du sujet par sa propre souveraineté, il dit du politique qu'il est ce qui, dépendant et indépendant de la condition d'homme, en fait en tout état de cause un produit de conscience et de détermination : un « *effet d'humanité* ».

---

[110] : https://www.cnrtl.fr/definition/syncr%C3%A9tique
[111] Joë Bousquet et Simone Weil, *Quel est donc ton tourment ? Correspondance 1842*, Éditons Claire Paulhan, 2019.

BIBLIOGRAPHIE SOMMAIRE :

- Abélès, Marc et Jeudy, Henri-Pierre, s.dir., *Anthropologie du politique*, coll. « U », Paris, Armand Colin, 1997 ;

- Bodin, Jean, *Les Six Livres de la République*, 1576, Le Plessis-Trévise, Éditions Myriel, 2009 ;

- Burou-Strauser, Joëlle, *Éléments pour une archéologie de la loi*, Paris, Éditions Michel Houdiard, 2009 ;

- Hobbes, Thomas, *Léviathan*, 1651, coll. "Folio essais", Paris, Gallimard, 2000 ;

- Manent, Pierre, *Naissances de la politique moderne. Machiavel, Hobbes, Rousseau*, coll. « Critique de la politique », Paris, Payot, 1977 ;

- Géraldine Muhlmann, Évelyne Pisier, François Châtelet, Olivier Duhamel, *Histoire des idées politiques*, Paris, PUF, 1982 ;

- Nozick, Robert, *Anarchie, état et utopie*, 1974, Paris, PUF, 2016 ;

- Raynaud, Philippe, **Dictionnaire de philosophie politique**, Paris, PUF, 2006 ;

- Renaut, Alain (éd.), *Histoire de la philosophie politique*. Tome I. *La liberté des Anciens* ; Tome II. *Naissances de la modernité* ;

Tome III. *Lumières et romantisme* ; Tome IV. *Les critiques de la modernité politique* ; tome V. *Les philosophies politiques contemporaines (depuis 1945)*, Paris, Calmann-Lévy, 1999 ;

- Schmitt, Carl, *La Notion de politique : Théorie du partisan*, 1932, coll. « Champs », Paris, Flammarion, 2009 ;

- Strauss, Léo et Cropsey, Joseph, *Histoire de la philosophie politique*, Paris, PUF., 1994.

- Weber, Max, *Le Savant et le politique*, 1919, coll. « 10/18 », Paris, Christian Bourgois, 1987.

À voir et à écouter :

- Capra, Frank, *Monsieur Smith au Sénat (Mr. Smith Goes to Washington)*, 1939, coll. "Columbia classics", Culver city, Sony pictures, 2020;
- Gentle giant, *The Power and the Glory*, Los Angeles, Capitol records, 1974;
- Kazan, Elia, *Un homme dans la foule (A Face in the Crowd)*, 1957, Paris, BAC films, 2007.

-Ma prise de notes-

Ma prise de notes

Ma prise de notes

SOMMAIRE :

Florian Virly est directeur de la publication de RES CIVICA.

www.ingramcontent.com/pod-product-compliance
Lightning Source LLC
Chambersburg PA
CBHW021144260726
48656CB00024B/1443